N.
N.

図説 エジプトの「死者の書」

村治笙子・片岸直美＝文　仁田三夫＝写真

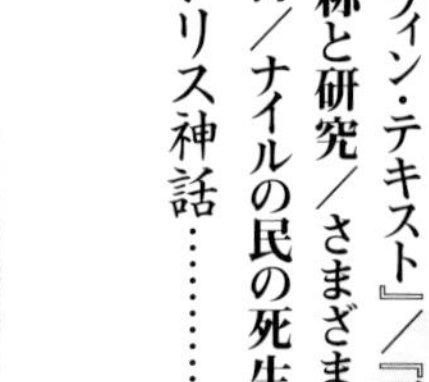

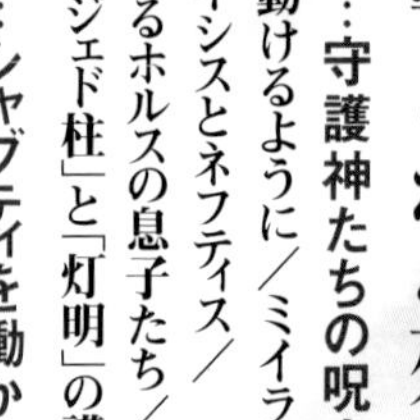

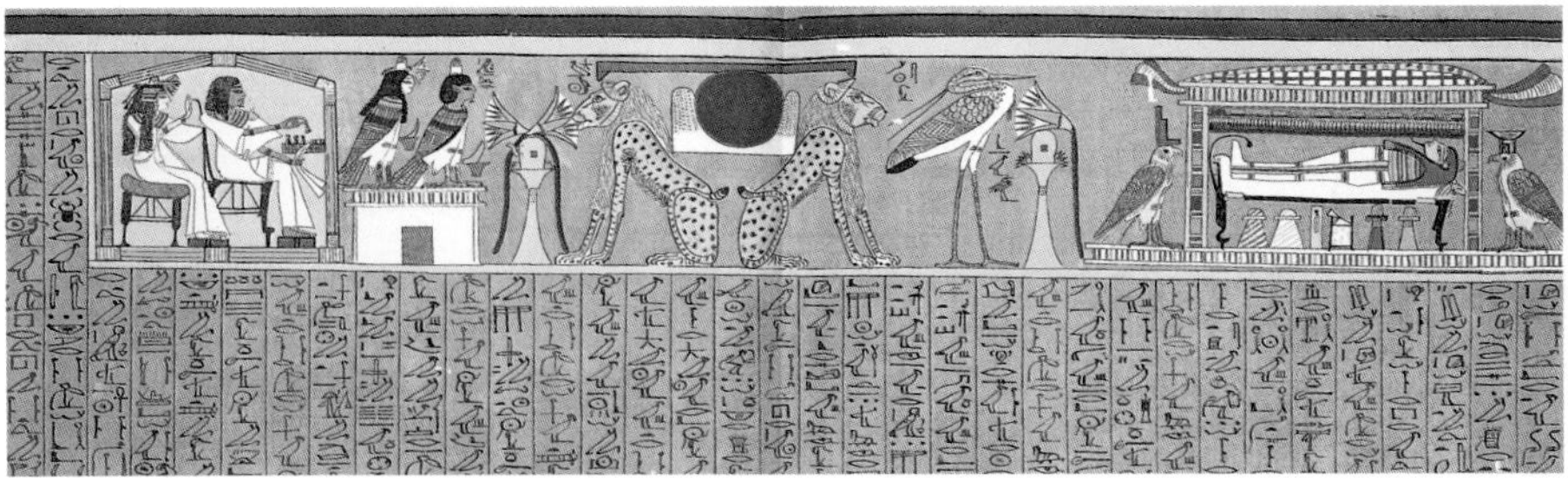

第三章　太陽信仰の世界……50

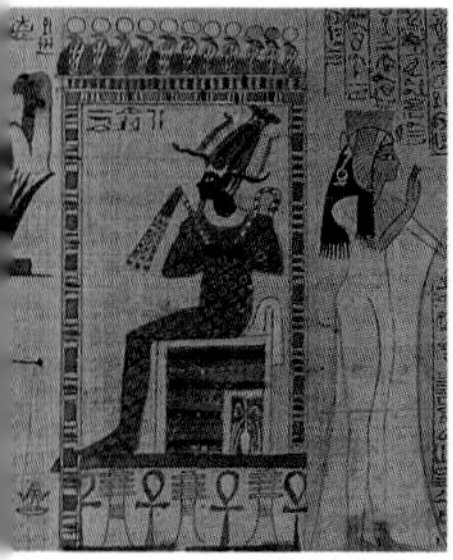
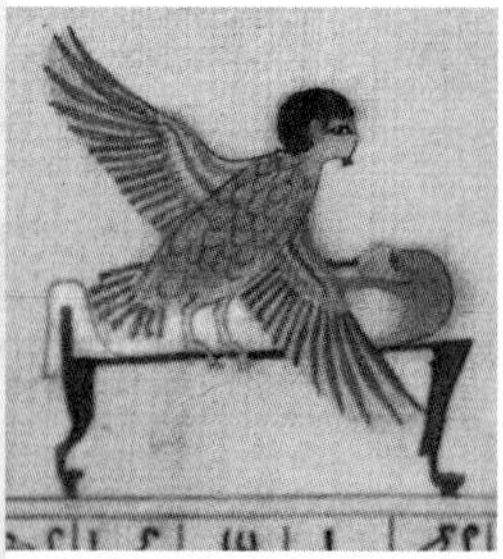
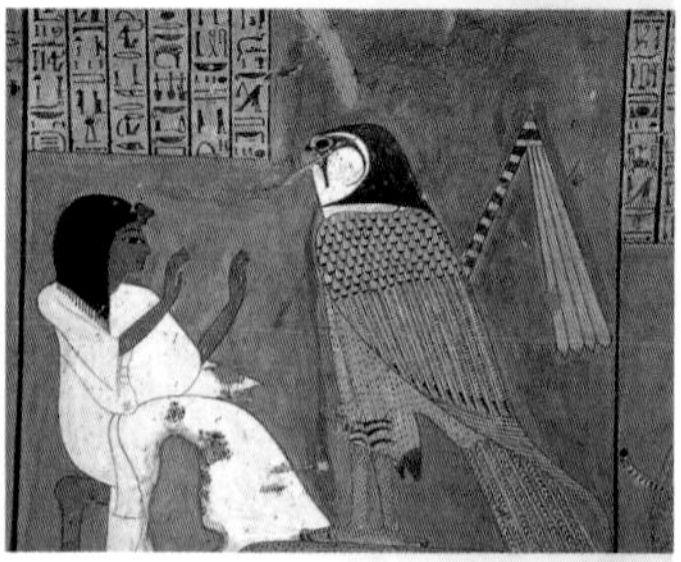

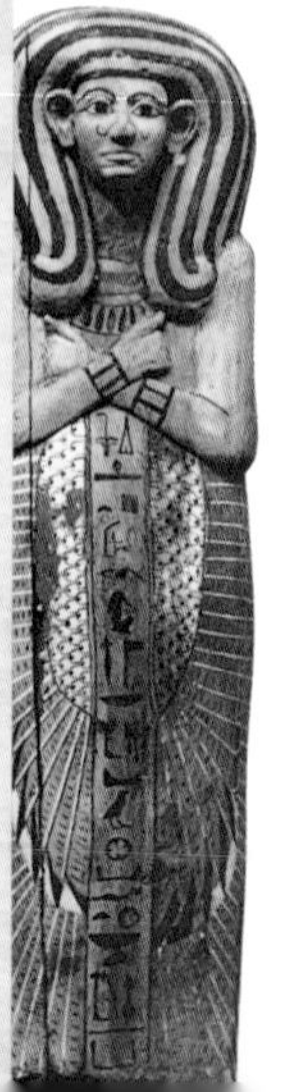
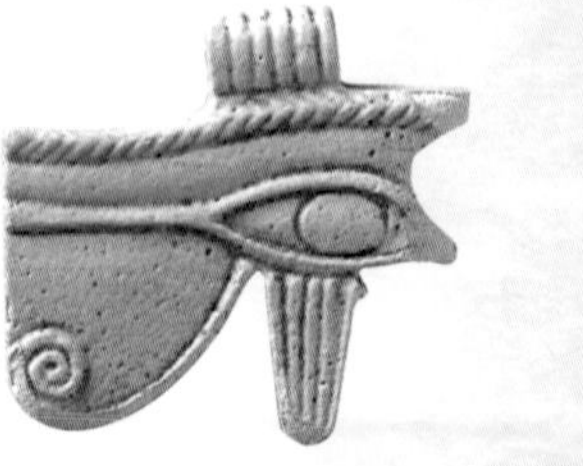

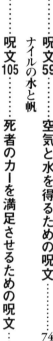

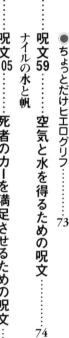

古代エジプト王朝表

年代	時代区分	王朝区分	首都	主なファラオ
紀元前3000	初期王朝時代	1	メンフィス	ナルメル、アハ、ジェル、ジェト、デン
	初期王朝時代	2	メンフィス	ペルイブセン、カーセケム、カーセケムイ
2650	古王国時代	3	メンフィス	ジェセル、セケムケト、フニ
2610	古王国時代	4	メンフィス	スネフル、クフ、カフラー、メンカウラー、シェプセスカフ
2490	古王国時代	5	メンフィス	ウセルカフ、サフラー、ネフェルイルカーラー、ニウセルラー、ウナス
2310	古王国時代	6	メンフィス	テティ、ペピ1世、メルエンラー、ペピ2世
2180	第1中間期	9·8·7	メンフィス	短い治世の王が数多く続く
	第1中間期	10 下エジプト	ヘラクレオポリス	
2040				

主な歴史上の事柄

年代	事柄
紀元前3000年頃	上エジプト出身のナルメルがエジプト全土を統一 この頃、ヒエログリフの文字体系が確立する この頃、1年365日の暦ができる 「上下エジプト王」の称号がもちいられる この頃、ヘリオポリスの太陽信仰がさかんになる この頃、ホルス神派とセト神派の覇権争いがおこる この頃、ホルス神派とセト神派が、ホルス神派が王位を継承することで和解する
2620年頃	サッカラに階段ピラミッドを造営する 階段ピラミッドを計画するが未完成に終わる メイドゥムに真正ピラミッドを計画、着工する
2600年頃	神王として絶対的な王権が確立する
2550年頃	ギザに大ピラミッドを造営する ギザに第2ピラミッド、スフィンクスを造営 ギザに第3ピラミッドを造営。王権が弱体化 王墓はサッカラにマスタバを造営する
2490年頃	王の称号に「太陽神ラーの息子」がもちいられる アブシールにピラミッドを造営する
2400年頃	はじめて「ピラミッド・テキスト」が刻まれる
2300年頃	シナイ半島などで積極的に鉱山を開発する
2270年頃	長期政権で、晩年には中央集権国家にかげりがみえるようになる
2100年頃	ヘラクレオポリス侯（第10王朝）とテーベ侯（第11王朝）が共存する 「コフィン・テキスト」が出現する

エジプト王朝の盛衰

2040–1990	1990–1785	1785–1650	1650–1565	1565–1310				1310–1205
中王国時代		第2中間期		新王国時代				
11	12	14・13	17 上エジプト / 16・15 下エジプト	18				19
テーベ	イティ・タァウイ		17：テーベ / 15：アヴァリス	テーベ		アマルナ	メンフィス	ペル・ラメセス

メンチュヘテプ2世
メンチュヘテプ3世
アメンエムハト1世
センウセルト1世
アメンエムハト2世
センウセルト2世
センウセルト3世
アメンエムハト3世
アメンエムハト4世
短い治世の王が約70人続く
15キアン
15アペピ
17セケンエンラー2世
17カーメス
イアフメス(アハメス)
アメンヘテプ1世
トトメス1世
トトメス2世
ハトシェプスト
トトメス3世
アメンヘテプ2世
トトメス4世
アメンヘテプ3世
アメンヘテプ4世(アクエンアテン)
ツタンカーメン
アイ
ホルエムヘブ
ラメセス1世
セティ1世
ラメセス2世
メルエンプタハ

2040年頃 第10王朝を滅ぼし、全国を統一する
2000年頃 紅海南西部沿岸あたりのプントへ遠征隊を派遣する
1990年頃 クーデターによって第12王朝をおこす
1950年頃 ナイル河第3急湍まで遠征する
1850年頃 ヌビア、パレスティナに軍事遠征をおこなう
1800年頃 ファイユーム干拓事業が終わる
1790年頃 後継者が絶え、中王国時代が終わる
1720年頃 アジアからヒクソスが侵入する
1700年頃 ヒクソスが下エジプトを支配し、王朝を起こす
1650年頃 テーベの豪族が第17王朝をおこし、ヒクソスに対抗
1580年頃 セケンエンラー2世、カーメスがヒクソスと戦う
『死者の書』が出現する
1565年頃 ヒクソスをエジプトから追放。第18王朝がはじまる
国内の安定をはかる
1520年頃 ユーフラテス河上流にまで軍事遠征をおこなう
1500年頃 トトメス3世が即位するが、摂政のハトシェプストが王権を主張し、共同統治となる
1470年頃 アジアやヌビアにさかんに軍事遠征をおこなう。エジプトの領土が最大になる
カルナックのアメン神官団と確執がおこる
1400年頃 繁栄の絶頂期をむかえる
1360年頃 アテン神を唯一神とする宗教改革を断行する
1350年頃 アメン神信仰に復帰する
1335年頃 アテン神信仰後の内外の混乱を鎮める
1310年頃 将軍ラメセス1世が即位。第19王朝となる
1290年頃 シリアをはじめ、軍事遠征をさかんにおこなう
1275年頃 シリアのカデシュでヒッタイトと戦う
この頃、モーセによる「出エジプト」？
1215年頃 リビア方面から「海の民」がデルタ地帯に侵入を図るが撃退する

ピラミッドが造営される

王家の谷に墓がつくられる

年代	時代	王朝	首都	おもな王
1205〜1070	新王国時代	20	ペル・ラメセス	ラメセス3世、ラメセス4世、ラメセス6世、ラメセス9世、ラメセス11世
1070〜945	第3中間期	21	タニス	スメンデス、プスセンネス1世
945〜700	第3中間期	24・23・22		シェションク1世、オソルコン2世
700〜664	末期王朝時代	25	テーベ	ピアンキ、シャバカ、タハルカ
664〜525	末期王朝時代	26	サイス	プサメティコス1世、ネコ2世、プサメティコス2世、アマシス
525〜404	末期王朝時代	27	サイスを中心にデルタ地帯	カンビュセス2世、ダリウス1世
404〜380	末期王朝時代	29・28	サイスを中心にデルタ地帯	
380〜305	末期王朝時代	30	サイスを中心にデルタ地帯	ネクタネボ1世、ネクタネボ2世、アレクサンドロス
305〜紀元前30	プトレマイオス朝時代		アレクサンドリア	プトレマイオス1世、プトレマイオス2世、プトレマイオス5世、クレオパトラ7世

年	できごと
1170年頃	「海の民」がデルタ地帯に侵入するが、撃退する
	この頃、王権が弱体化する
	この頃、王家の谷などで墓泥棒が横行しはじめる
	この頃、カルナックのアメン大祭司がテーベの実権を握る
	王の存在は有名無実化する
1070年頃	タニスに第21王朝をひらく。上エジプトはアメン大祭司が治める
945年頃	リビア系の王。ブバスティスに首都をおく。パレスティナ地方に軍事遠征をおこなう
	テーベやタニスで王統がおこり、並立する
750年頃	ヌビア人ピアンキが第25王朝をおこす
700年頃	エジプト全土を統一する
667年頃	アッシリアがエジプトを征服する
664年	アッシリアを追放し、第26王朝をおこす
	紅海とナイル河を結ぶ運河が着工されるが防衛の意味で中止される
525年	アケメネス朝ペルシアがエジプトを支配する
521年	紅海とナイル河を結ぶ運河を完成する
	ペルシアと地中海世界の中継地として栄える
430年頃	ヘロドトスが『歴史』を著す
404年	ペルシア支配から独立し、第28王朝がはじまる
350年頃	ペルシアのエジプト侵入に備え、対抗する
343年	ふたたびアケメネス朝ペルシアの支配下にはいる
332年	アレクサンドロス大王がエジプトを征服する
305年	大王の死後、プトレマイオス将軍が即位
	アレクサンドリア図書館が開かれる
280年頃	マネトが『エジプト史』を著す
196年頃	ロゼッタ・ストーンが刻まれる
30年	エジプト復興に失敗し、ローマの属州となる

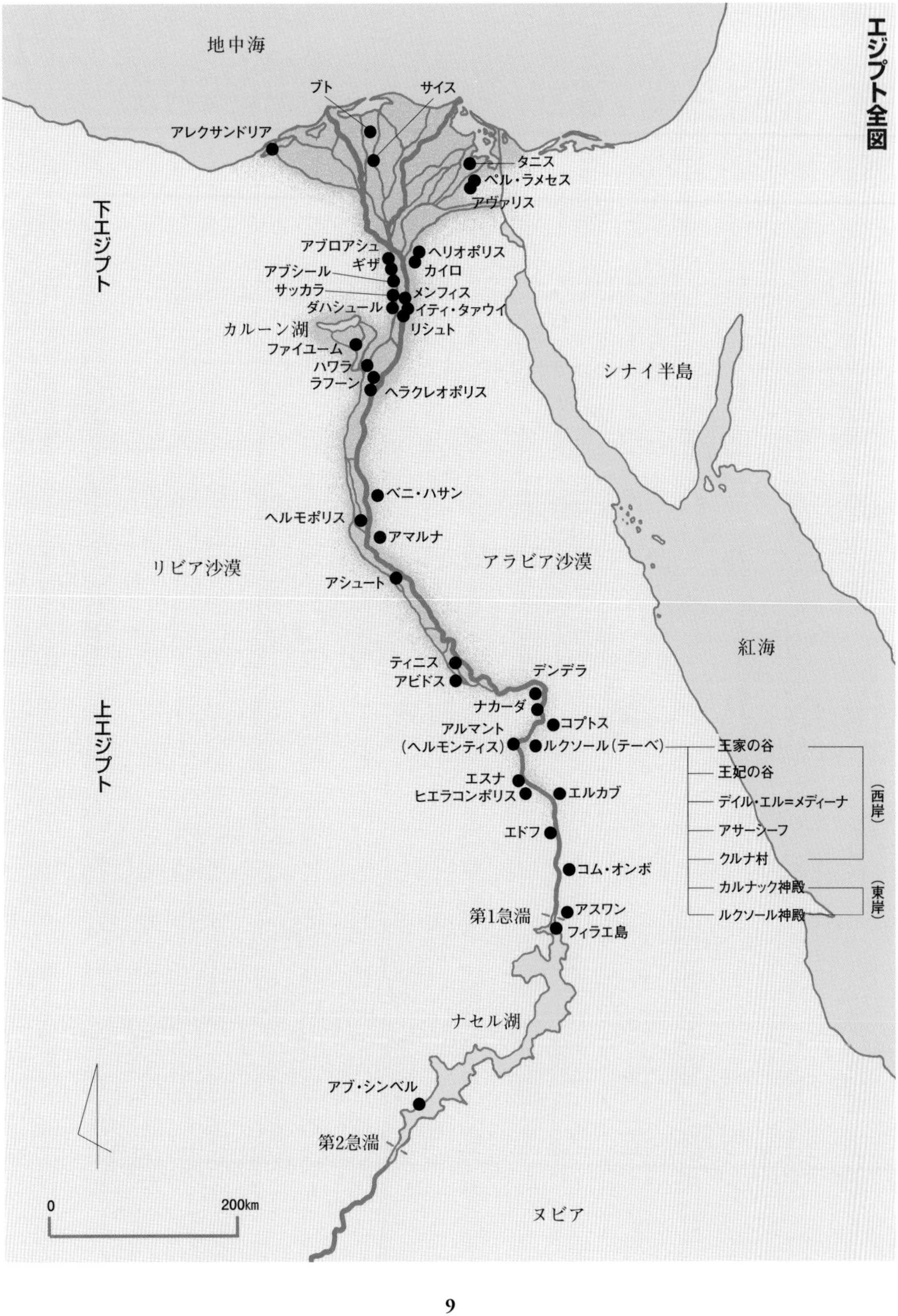
エジプト全図
地中海
ブト
サイス
アレクサンドリア
タニス
ペル・ラメセス
アヴァリス
下エジプト
アブロアシュ
ギザ
アブシール
サッカラ
ダハシュール
ヘリオポリス
カイロ
メンフィス
イティ・タァウイ
リシュト
カルーン湖
ファイユーム
ハワラ
ラフーン
ヘラクレオポリス
シナイ半島
ベニ・ハサン
ヘルモポリス
アマルナ
リビア沙漠
アラビア沙漠
アシュート
紅海
ティニス
アビドス
デンデラ
ナカーダ
コプトス
上エジプト
アルマント
（ヘルモンティス）
ルクソール（テーベ）
王家の谷
王妃の谷
デイル・エル＝メディーナ
アサーシーフ
クルナ村
（西岸）
カルナック神殿
ルクソール神殿
（東岸）
エスナ
ヒエラコンポリス
エルカブ
エドフ
コム・オンボ
アスワン
第1急湍
フィラエ島
ナセル湖
アブ・シンベル
第2急湍
0
200km
ヌビア

序章「呪文」で探る古代エジプト人の彼岸

古代エジプト人の経文

パピルスの巻物『死者の書』とはいったいどんなものなのだろう。それは古代エジプト人が使っていた経文と言ってよいだろう。呪文や祈禱文が並んでいて、葬式や埋葬のときに読経され、墓に副葬された。来世を信じていたエジプト人が、亡くなった家族や親戚のために、遺体の近くにたくさんの呪文を書いた巻物を置いたのだ。死後も神々に守られて、墓の中で災厄にあわずに永遠に生きてほしい、自分たちを彼岸から見守ってほしいという願いが込められた。神への賛歌や祈願文のほかに、死者が来世で生きるために必要な「空気」や「水」を得るというまじないの言葉も書き連ねられている。

　古代人はこの呪文集のことを「日の下《もと》に現れ出るための書」と呼んでいたようだ。『死者の書』という呼称は一九世紀半ばからのものである。内容は古い時代からエジプトの地に伝わる葬祭にかかわる思想を受け継いでいる。

▶パピルスの巻物を読む神官　アニの『死者の書』呪文1。大英博物館蔵

▼ナイル河と西方に沈む太陽　ルクソール

▲副葬品を運ぶ人びと センネフェルの墓。ルクソール西岸、クルナ村

▲古代の私人墓の模型　地上部分に供養室がある。トリノ博物館蔵

▶小型ピラミッドのある墓 デイル・エル=メディーナ

▼古代の墓職人の住居と墓跡　ルクソール西岸、デイル・エル=メディーナ

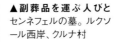

王のための呪文『ピラミッド・テキスト』

古代エジプトの王は、王位についた瞬間から王としての墓の準備にとりかかったといわれる。ピラミッドが建造された古王国時代（前二六五〇年頃～二一八〇年頃）には、王の権力も絶大で、王は死後、来世で復活し、神々や聖なる祖先の霊たちの仲間入りをし、現世の人民にも影響を及ぼしてくれると思われていた。

王が昇天するための呪文は重要で、聖刻文字（ヒエログリフ）で王の墓の内部の壁に彫られた。ギザの三大ピラミッドなどが建設された第三・第四王朝の頃には、まだ彫られていない。第五王朝以降の九基のピラミッドに発見されていて、ペピ二世のものは六七五もの呪文や言葉が壁いっぱいに彫られている。王が来世で無事オシリスとして復活・再生できるように太陽信仰の中心地ヘリオポリスの神官たちが呪文を集めたのだろう。これらはピラミッドの内壁から発見されたので、『ピラミッド・テキスト』と呼ばれている。

古代エジプト人が考えた来世は、天界と地下の冥界《めいかい》との両方にあった。天界には現世と同じようなナイル河（天の河）が

冥界の三神　右からオシリス、ハトホル（西方の女神）、アヌビス　ネフェルタリ王妃の墓。ルクソール西岸、王妃の谷

ピラミッド・テキスト　サッカラのウナス王の墓内部。サッカラ

流れていて、その氾濫原に死者たちの住む桃源郷があると想像された。

棺に書かれた『コフィン・テキスト』

死者のための呪文は、中王国時代（前二〇四〇年頃〜一七八五年頃）にはもっと死者の近く、遺体を納める棺の内側に直接書かれるようになった。

王ばかりでなく高価な棺を用意することができるものたちに、この特権が与えられた。棺の持ち主は、地下（冥界）で復活し、冥界の王オシリス一族の仲間入りをするが、その手続きとして「死者の裁判」が必要となった。棺に書かれた呪文集を『棺柩文（コフィン・テキスト）』と呼んでいる。

『死者の書』の出現

この二つの葬祭文書の流れを受け継ぐものが「日の下に現れ出るための書」つまり、本書で扱う『死者の書』ということになる。

第二中間期の終わりごろから、神殿の文書庫にあったと思われる葬祭文書の中から故人に必要な呪文を選んでパピルス

▲コフィン・テキスト　木棺内部に描かれた冥界の二つの道。大英博物館蔵

◀呪文　人型棺に書かれたヒエログリフ。大英博物館蔵

▶**人型棺に描かれた冥界の神々**　大英博物館蔵

の巻物に書き写し、ミイラの包帯の間や特別の箱に入れて副葬するようになった。

　新王国時代（前一五六五年頃～一〇七〇年頃）には、これらの呪文は、パピルスばかりでなく、ミイラの包帯、彫像、調度品にも書かれた。王墓や私人墓の壁画にもこの『死者の書』の呪文や挿絵を見ることができる。呪文はもはや特権階級だけのものではなくなった。

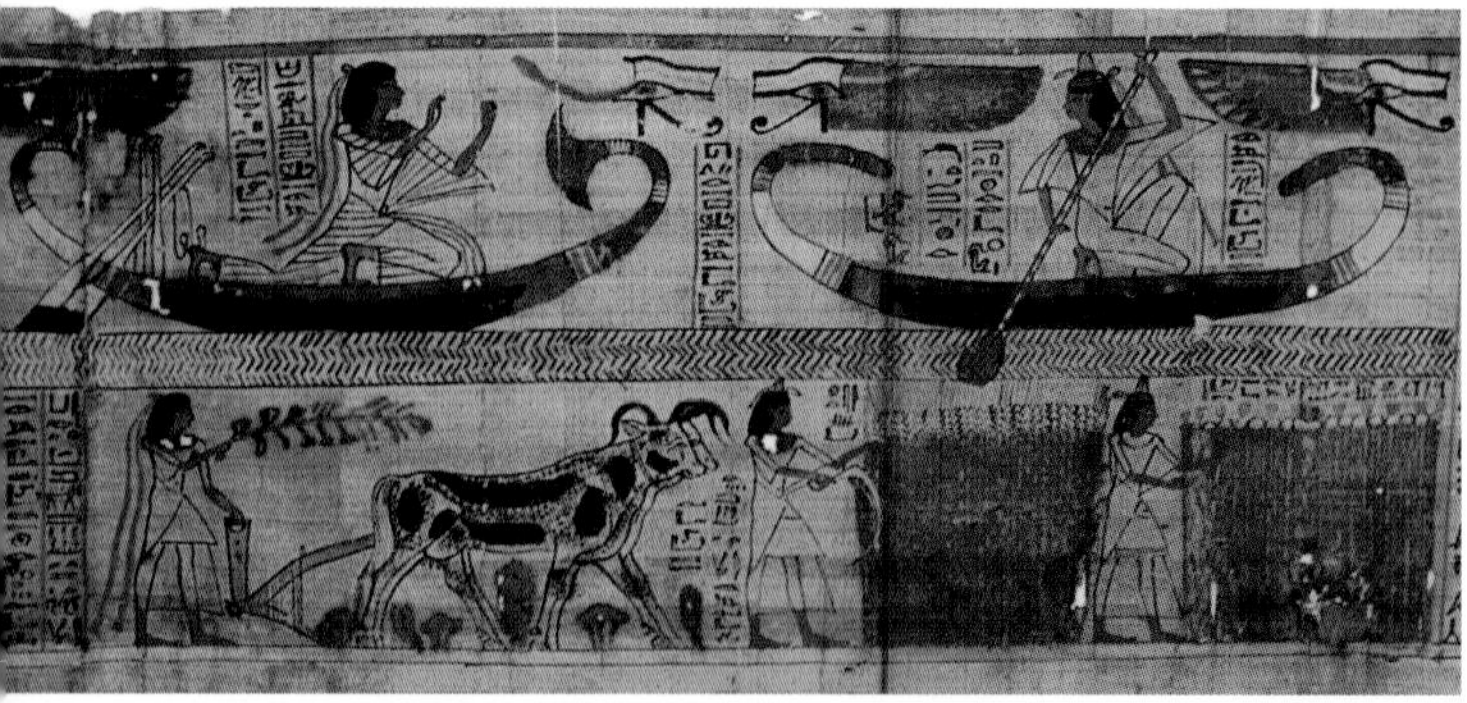

▲▼パピルス『死者の書』　パピルス葦から作られた巻物。トリノ・エジプト博物館蔵

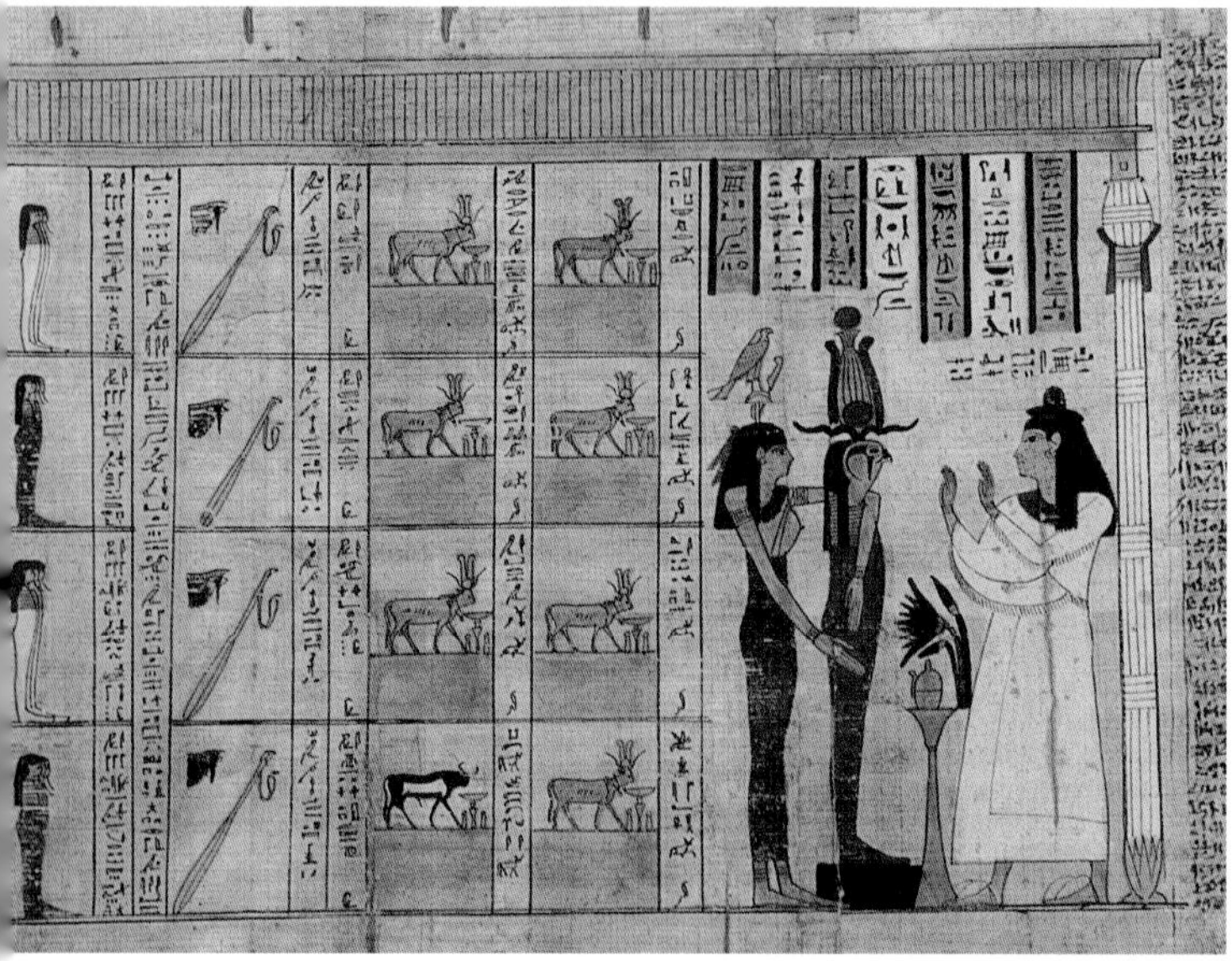

　『死者の書』は、その後も末期王朝時代からアレクサンドロス大王の後継者たちのプトレマイオス朝時代を経て、ローマ統治時代の初め頃まで使われ続けた。

『死者の書』の呼称と研究

　『死者の書』の呼称が古代エジプトを科学的、総合的に研究する学問「エジプト学」に定着したのは、ドイツのエジプト学者カール・リヒャルト・レプシウス（Lepsius, Karl Richard 1810—1884）の書物による。彼は、北イタリアのトリノ博物館に所蔵されていたプトレマイオス朝時代のイウファンクという人物の副葬品であったパピルスの巻物の呪文を分類して番号をつけた。そして、一八四二年に一六五の呪文集『死者の書』（“Das Todtenbuch der Ägypter nach dem hieroglyphischen Papyrus in Turin”『トリノのヒエログリフで書かれたパピルス、エジプトの死者の書』）として刊行した。

　彼の付した呪文番号をその後の研究者も採用した。

　一八八六年に、スイスのエジプト学者エドゥアール・ナヴィユ（Naville, Henri Édouard 1844—1926）が、新王国時代の写本を集め、テキストと挿絵を集大成したものをベルリンで刊行した（“Das ägyptische Totenbuch der 18.bis 20. Dynastie”『第十八王朝から二十王朝までのエジプト死者の書』）。彼はトリノの『死者の書』になかった呪文をつけ加えて、呪文186を最終章とした。

　一八九四年から九九年にかけて、イギリスのエジプト学者E・A・ウォリス・バッジ（Budge, Ernest Alfred Thompson Wallis

1857―1934）が、大英博物館所蔵の『死者の書』のパピルスから、美しい挿絵のあるものを選んで色刷りで刊行した。本書の図版の多くも、彼のその頃の著作からのものである。彼は呪文187から190までをつけ加えた。

　このように、レプシウスに始まった『死者の書』の呪文の番号は今日でも使い続けられているが、かならずしもこの順番で古代エジプト人が使っていたのでないことは、本書巻末の「世界の有名な『死者の書』」を参考にしていただくとわかるだろう。

さまざまな呪文

　もともとの『死者の書』の呪文に番号はもちろんなかったが、しかし呪文の書き出し部分や効能書きは赤インクで書かれていた。二〇〇ちかくある呪文の中で、とりわけ重要なのは「イアルの野」「ヘテプの野」と呼ばれた死後の楽園に入るための呪文110や、死者の「オシリス裁判」を扱った呪文125だろう。また、呪文17は太陽信仰をよく反映している。挿絵もいちだんときれいだ。「バー」とよばれる変幻自在な死者の魂が日中に墓を出て、水や空気を得るための呪文は抜かすことができなかっただろう。そして、死者がどのように埋葬され、冥界の神々に守られたのかを示す挿絵や呪文も用意されていた。

　本書では二〇〇ほどある呪文のうち重要な呪文をとりあげて、関連呪文とともに写真や図版で解説していこうと思う。呪文番号はレプシウス以来研究者が使用しているものを本書でも使っている。呪文の配列はそれぞれの『死者の書』によって異なるが、実際の順番になるべく近くなるよう並べることを心掛けた。

▲トリノ・エジプト博物館

▼墓碑（ステラ）　トリノ・エジプト博物館蔵

『死者の書』の翻訳

　『死者の書』のテキストからの翻訳は、当時のエジプト人の精神面、思想面に踏み込むたいへん難しい作業である。代表的な翻訳にトーマス・ジョージ・アレン（Allen, Thomas George）の『死者の書』（“The book of the Dead or Going Forth by Day : Ideas of the Ancient Egyptians Concering the Hereafter as Expressed in Their Own

Terms"）一九七四年版があげられる。彼はシカゴ大学付属オリエント研究所所蔵のパピルス文書を翻訳して一九六〇年に刊行している。一九六七年にパリでポール・バルゲ（Barguet, Paul）が『古代エジプトの死者の書（Le Livre des Morts des anciens Égyptiens）』と題してフランス語訳を、一九八五年にはレイモンド・フォークナー（Faulkner, Raimond O.）が大英博物館所蔵の穀物倉監督官アニのパピルスを英訳（『古代エジプトの死者の書（The Ancient Egyptian Book of the Dead）』）している。

翻訳はされても、呪文の内容は相変わらず私たちには理解し難い。古代エジプト人が、人間の特質や人格や能力などを表すために使った「カー」や「バー」や「アク」を正確に示す日本語がみつからない。「生命力」「生き霊」「活動力」「魂」「聖霊」などの現代語に置き換えるだけでは、彼らの呪文の本当の意味は、わからないかもしれない。けれども私たちもまた、現世に生きる人間という共通点で、彼らの死生観や来世観にせまってみるのもあながち間違いではないだろう。

呪文の力への期待

ところで、お経を詳しく読んでみようなどという物好きな人は、古代にもなかなかいなかったのではないかと思う。古代エジプト人がどの程度この呪文の内容を理解していたかはわからないが、埋葬の日、神官の朗々とした読経の声が西の砂漠の向こうまで響き渡るのを聞いて、会葬者たちは故人の死後の安全を確信しただろう。呪文の力にたいする期待は今よりず

▲ソベクヘテプの墓碑　墓主夫妻と子供たちと供養文。大英博物館蔵

▼人型棺に描かれた神々を礼拝する死者とバー（下左右）大英博物館蔵

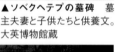

っと大きく、効き目にも確信が持たれていた。エジプトにいるたくさんの神の力が、かならず彼らを守ってくれると信じていた。だからあらゆるところに呪文や祈願文を記したのだ。

ナイルの民の死生観

農業を営んで暮らしていたエジプト人にとって自分の耕地がなにより大切だったので、死後長年暮らしていた土地の近くに埋葬されることを強く希望した。彼らは死に対する次のような考えを持っていた。

自分が死んだら、自分と同時に生まれた「カー(生命力、ここでは分身のような意味もある)」と再び一緒になるのだ。そして自分の中の動くことができる部分「バー」や「アク」が、墓の遺体から抜け出し、自由に現世に戻って来て、生きている者たちに働きかけできるのだ、と。

もちろん、そのためには、いろいろな準備や条件が生前に必要だったから、そんなに遠くの地に行くわけにはいかなかった。仕事で遠くに出張しなければならないとき、たとえば行商や遠征隊の兵士としてなど、同じエジプト国内ならばナイル河という彼らの生命線を使って運んでもらう希望も持てたが、砂漠を越えて出た者たちはいつも不安だった。土地を離れることがないものは、たとえ貧しくて十分なことができそうになくても自分の農地で、両親や子供たちや親戚、そして親しい友人たちがそばにいてくれれば、来世で必要とされる最低限の葬儀や埋葬は心得ているはずだ。日頃、信仰している神も近くにいるので、それなりに幸せだったにちがいない。

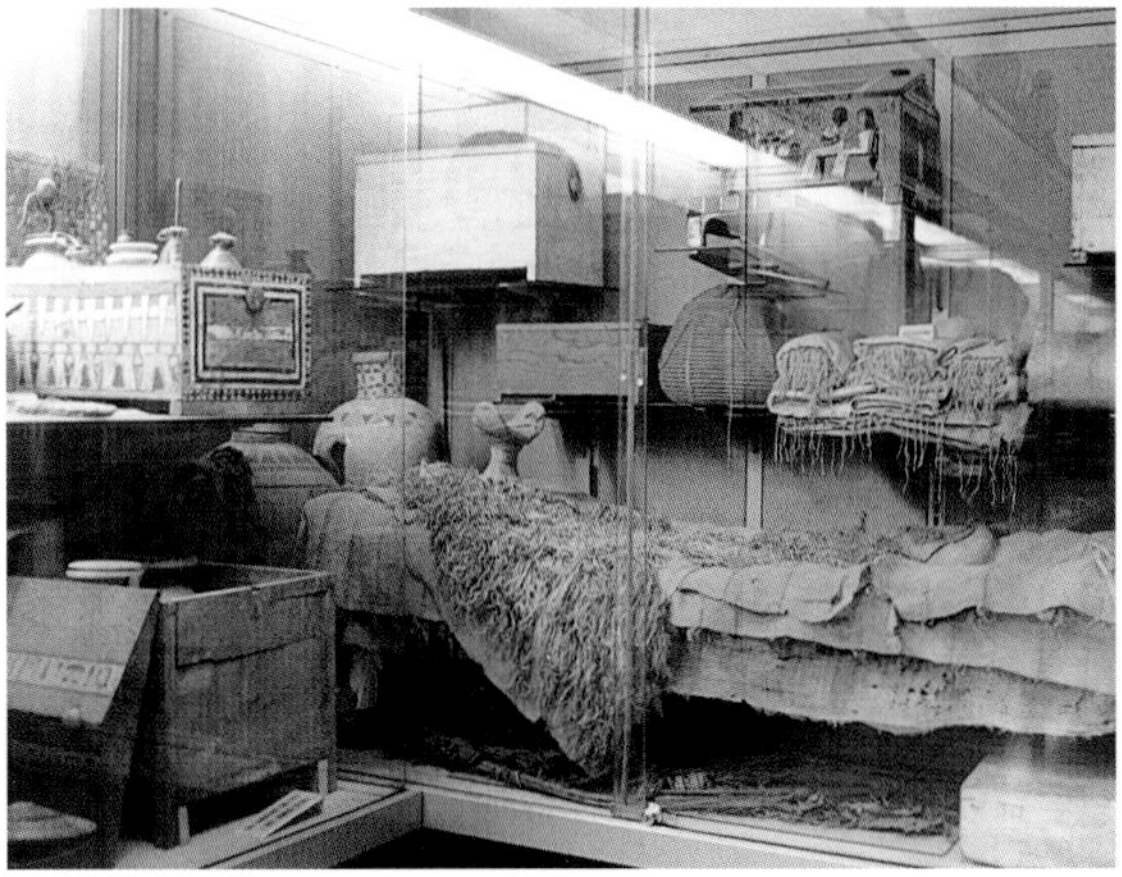

▲◀デイル・エル=メディーナの職人長カアの墓からの出土品 来世での生活に必要なものを副葬した。トリノ博物館蔵

葬儀の日

『死者の書』の巻物がどのように用意され使われたか、当時にタイムスリップしてみよう。

一家の主人が亡くなった。遺族は泣いてばかりはいられない。とくに家督を継ぐ長男はたいへんだ。きちんとした葬儀をするのが長男の務めと母親も親族も期待している。

そんな期待に応えるよう長男も頑張ろうと思う。さっそく慣例に従って遺体の防腐処理を業者に頼まなければならない。ミイラづくりは古王国時代からの伝統であり、遺体を朽ち果てさせてしまえば、死んだあと毎日肉体を離れていく魂バーの戻る場所がなくなってしまう。たくさんの報酬は出せないけれど、できるかぎりのことをしてもらおう。

遺体処理には三段階あったな（のちのギリシアの歴史家ヘロドトスの伝えたところによる）。一番目のものでお願いしますと頼んできたけど、遺体から内臓も取り出さないで杉油だけで大丈夫だろうか。ミイラづくりの職人たちはプライドを持って「大丈夫」と言ったから、まかせるしか

『死者の書』の描かれた墓内部　センネジェムの墓。デイル・エル＝メディーナ

ないだろう。

そうだ、パピルスの巻物だけは最上のものを選んであげよう。あの世に行って冥界の王オシリス様の「死者の裁判」を無事に終えられるように。太陽神ラー様の船に乗せてもらえるように。父さんは生前も信仰の厚い人だったから、あの世でも幸せに暮らせると思う。昼間は墓から出て私たちのところへもやって来られるように、効き目のありそうな呪文がいっぱい書いてあるのを手に入れることにしよう。

そうだ、神殿に勤めている書記の友人に相談してみたらどうだろうか。彼は写本もしていると言っていたようだし。埋葬までの七十日などすぐ経ってしまうぞ。

副葬品はどんな物を入れようか。王様は神殿の工房で立派な黄金の調度品を作らせているようだけれどわが家の墓には大きな物は入らないし、どうしよう。そういえば、ワセト（テーベ、現在のルクソール）市長のレクミラ様の墓には王様の墓に納める品物を作っている場面まで描いたらしい。父さんの仕事のことを書かなければいけないかな。王墓づくりの職人たちの村（ディル・エル＝メディーナ）の親方の墓には、神殿にある呪文集から選んだ呪文や挿絵を壁いっぱいに描いたらしい。呪文だらけの墓というのもすごいなあ。護符やシャブティの像（43頁参照）も忘れないように準備しよう。

呪文も大切だけれど、なによりも喜ばれるのは飲食物ではないのかな。神様にパンやビールを供えなければ父さんのところにまわってこないのだから（76頁参照）。父さんの「カー」が食べ物を分けてもらいに行ったとき、「まだ供物が届いてないぞ」と断られても困るだろう。壁には山積みの供物を描いたほうがずっと役に立つかもしれない。

埋葬の日にセム神官となって「開口の儀式」に使う道具を準備しながら、長男はまだいろいろ悩んでいた。

そして、埋葬の日がやってきた。

▶死者の裁判　『死者の書』呪文30。大英博物館蔵

▼来世での宴会場面　来世でも家族・知人たちとの交流を望んだ。大英博物館蔵

コラム

オシリス神話

穀物を育てる神

一九二二年、黄金のマスクで有名なツタンカーメンの墓が発見され、その小さな王墓からは想像もつかないほどおびただしい量の、きらびやかな副葬品が出土した。そのなかに、黄金や貴石とはまったく無縁の「穀物オシリス」なるものがあった。泥を詰めただけに見えるその平たい人型《ひとがた》は、その名前からもうかがえるようにオシリス神を象《かたど》ったものだ。泥の中には穀物の種が入れられ、発芽するとオシリスの姿に緑色の細い葉が繁茂した。

砂漠のイメージがつきもののエジプトだが、デルタ地帯はもとよりナイル河に沿った河岸地帯も、収穫期ともなれば緑あふれるグリーン・ベルトと化す。古代からエジプトはかなりの量の

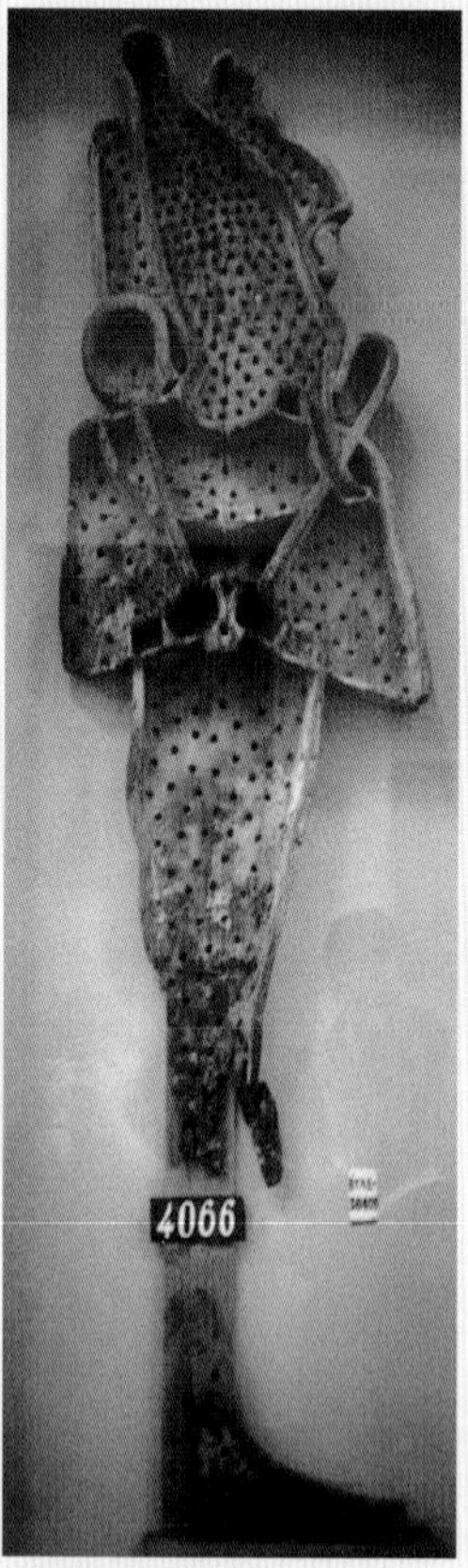

穀物オシリス(苗床)　カイロ・エジプト博物館蔵

オシリス神(左)とジェド柱(右)　玄室(埋葬室)を支える4本の柱の側面に描かれている。ネフェルタリ王妃の墓

農作物を生産していた。今や「死者の国」の支配者として有名なオシリスも、もともとは穀物を育てる豊穣の神としてエジプトで崇められていた。だから、ときおりオシリスの肌は植物の色である緑色に塗られた。また、オシリスの象徴でもある「ジェド柱」は、実りの季節に最初に収穫された穀物の束をあらわしていた。農作物を刈り入れると、人々はこの穀物の束を神に捧げてその年の豊かな収穫を神に感謝し、翌年の豊穣を祈願したのだろう。その一方で、オシリスの脊椎と考えられて、ジェド柱は「安定」「永遠」をもたらす護符としても人気が高かった。

冥界の王

オシリス神がエジプトで絶大な人気を誇るようになったのは、やはり、死後の世界と結びつくようになってからだ。

ギリシア人の歴史家プルタルコスが伝えるオシリス神話では、オシリスはエジプトを治める神で、セトは弟神だった。オシリスの人気とその地位に嫉妬したセトは、兄オシリスの殺害を計画する。宴会の席でセトとその共犯者たちの奸計《かんけい》に落ちたオシリスは、木製の箱に閉じ込められてナイル河に沈められてしまう。オシリスの妹であり妻でもあったイシスは、妹のネフティスの助けを借りて、オシリスの遺体を見つけ出し沼地の草陰に隠すが、それに気づいたセトは、今度はオシリスの遺体をばらばらにしてエジプト中にばらまいてしまう。けなげにも妻イシスは、エジプトをくまなく歩き回り、そのひとつひとつを拾い集めていった。そして遺体をつなぎ合わせると、なんと呪力でオシリスと交わり、息子のホルスを身ごもったのだ。しかし、オシリスを現世に蘇《よみがえ》らせることができなかったために、彼は冥界に下り、死後の世界の王になった。

この、神ですら死を免れることができないという考えのおかげで、エジプト人は死ぬという運命を真っ向から受け止めることになる。死は暗い闇を連想させ、彼らにとって耐えがたい運命ではあったが、遺体に保存処理をほどこして副葬品をそろえ、もろもろの死後の準備を十分に整えることで、彼らはそれを乗り越えようとした。そしてオシリスと同様に、来世でも現世と同

ジェド柱＝オシリスを守護するイシスとネフティス
末期王朝の女神官の木棺。写真の中央部分に冠をかぶり連竿と曲杖を持ったジェド柱が見え、両側から二女神がそれを見守っている。大英博物館蔵

じように幸せな生活が送れるよう願った。裕福なもののなかには、オシリス信仰の中心地アビドスを生前に訪れて、奉納碑をたて、供物を供えるものもいた。日本で言うと、ひと昔前に流行《はや》った「お伊勢参り」といったところだろうか。

　オシリスの死後、弟のセトはエジプトの王位をねらうが、ヘリオポリスの神々の裁断で息子のホルスに全エジプトの支配権がゆだねられる。このことで、長子が後継者になりうるという慣習が公に認められたことになり、葬式を出す家では長男が神官の祭服を身にまとい、故人の跡取りとして葬儀で重要な役割を果たすことになった。

　このオシリスとイシスの神話は、紀元後にプルタルコスが伝えたものが最古の文献であり、実際に王朝時代から伝わる物語は実に断片的だ。

　『死者の書』の中で、ホルスは「父を助けるもの、その後継者」あるいは「イシスの息子」と称され、イシスとネフティスも「オシリスを弔い、（その死を）嘆き悲しむもの」と呼びかけられてはいるものの、セト神とその一味を裁き、オシリスの正しさを証明する法廷について言及している『死者の書』呪文19でさえも、物語のほんの片鱗を伝えてくれるに過ぎない。

オシリスの名前

　しかし、古王国時代にはすでに、オシリスは、ブシリスのアンジェティ神とアビドスのケントアメンティウ神という二柱の古い神の性格を吸収してその地位を築いていた。後者の神の名前「ケントアメンティウ」は「西方にいる人々の先頭に立つもの」と訳すことができ、文字通り、それは「死者たちの筆頭」、すなわち「冥界の王」を意味した。

　『死者の書』の呪文141から143では、百以上ものオシリスの名前が紹介されている。その中には「ウェンネフェル」や「西方の人々を統べるもの」、「生命の王」など、馴染み深いオシリスの名前も見

オシリスを礼拝する二女神イシスとネフティス　トリノ・エジプト博物館蔵

太陽の光を浴びるオリシス　横たわるオシリス神が降り注ぐ太陽の光線によって、今まさに命を吹き返そうとしている。カイロ・エジプト博物館蔵

られる。

古王国時代には、あの世で復活して冥界の王になるという運命をオシリスと共有することができたのは、オシリスと同様に現世の統治者であった王自身だけだった。しかし、次第にこのオシリスという名前は単に神そのものをあらわすだけではなく、死者のための輝かしい称号となっていき、死んでいくものはこぞってこの名前を帯びることになる。

『死者の書』では、死者の名前の前に必ず「オシリス」という称号が添えられ、オシリスの運命への便乗が許られた。

オシリスの支配する冥界とは？

では、オシリスが治めている「冥界」とはいかなる世界だったのだろうか。

『死者の書』呪文175で、オシリスが冥界を次のように評している。

「水も空気もなく深淵かつ暗闇で、あらゆるものが欠けている静かな地。そこで人は心安らかに生活し、性の喜びも許されない」

アトゥム神はそれに対して、「どんな神に対してよりもオシリスのために良いことをしてきたつもりだ」と答え、オシリスには静かな地を与え、息子のホルスを後継者に据えて現世を支配させたではないか、とオシリスをなだめるのだった。どうやら、冥界とはオシリスにとってあまり好ましい世界でもなかったようだ。

そのような冥界が生命の息吹を感じさせるのが、太陽神ラーの存在だった。『死者の書』呪文15で、ラー神は「西の山に沈み、あの世をその光線で照らすもの」と称賛のことばを投げかけられている。エジプト人たちは、西の地平線に沈んだ太陽が夜ごと冥界を巡り、その輝かしい光で死の眠りにつく死者たちを目覚めさせ、再生を手助けしてくれると信じたのだ。

死んでいく者たちが持ち続けた、死ののちに訪れるかもしれない新たな生への期待が、王朝時代を通じてオシリス神への人気を持続させていくことになる。

オシリス神への礼拝　ネブケドの『死者の書』。ルーヴル美術館蔵

第一章　西方へ旅立つものとの別れ

❶ 呪文1　埋葬の日の呪文

オシリスの国に入る死者

アニのパピルス呪文の冒頭には「日の下に現れ出るための呪文の始まり。それは、死者が西方の死者の国から出たり入ったりできるように、埋葬の日に唱えられるもの」とある。また泣き女たちの挿絵の

下部あたりにアニに冥界で口を与える呪文21・22がある。

ヒエログリフで書かれた呪文を見ると、神々の書記トト神が、オシリスの一族の仲間入りをする死者にむかって魔法の呪文を畳みかけるように唱えている。後半部分には赤でこのパピルスの効用書きの呪文71がある。もし死者がこの呪文を知っていたら、死者のバー（魂）は好きな姿で

葬列　呪文1の挿絵と同じに描かれた壁画　ラモーゼの墓。ルクソール西岸、クルナ村

葬列　アニの『死者の書』。大英博物館蔵

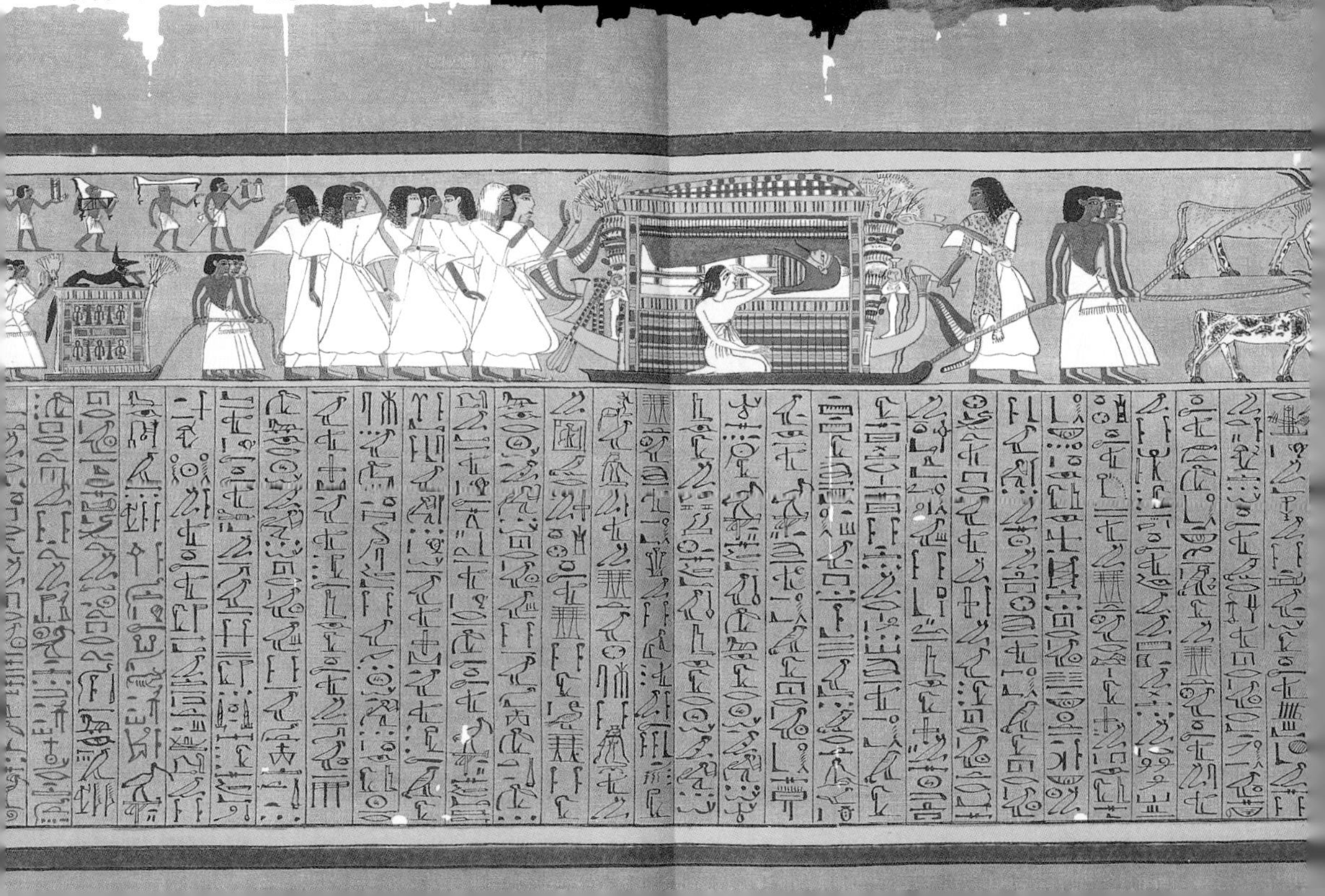

どこへでも行くことができ、冥界の王オシリスからパンやビールを分け与えてもらえる。そしてイアルの野で幸せに暮らせると書かれている。

ナイル河を渡る

呪文1に添えられた挿絵は、呪文の内容を描いているわけではないが、現世での埋葬当日の様子をわかりやすく表現している。左端から、葬列が始まって、死者の遺体が橇《そり》で運ばれ、砂漠の縁《ふち》にある墓地へ到着、埋葬の儀式が行われている。

防腐処理をされた遺体は、花に飾られた棺に納められた。ナイル河を渡るために棺は船に乗せられ、牛たちが牽《ひ》く橇で西岸に運ばれる。埋葬式に参加する会葬

▲遺体を離れるバー 死者の頭をもつ鳥の姿で人間の活動的部分を示す。ルーヴル美術館蔵

◀埋葬 人型棺を墓まで曳いていく人びと。ルーヴル美術館蔵

▼葬列 船で西岸へ渡る キキの墓。ルクソール、アサーシーフ

葬列　厨子をのせた船を運ぶ人々。キキの墓

埋葬　棺を地下に埋葬する人びと　アメンエムイネトの墓。ルクソール、クルナト・ムライ

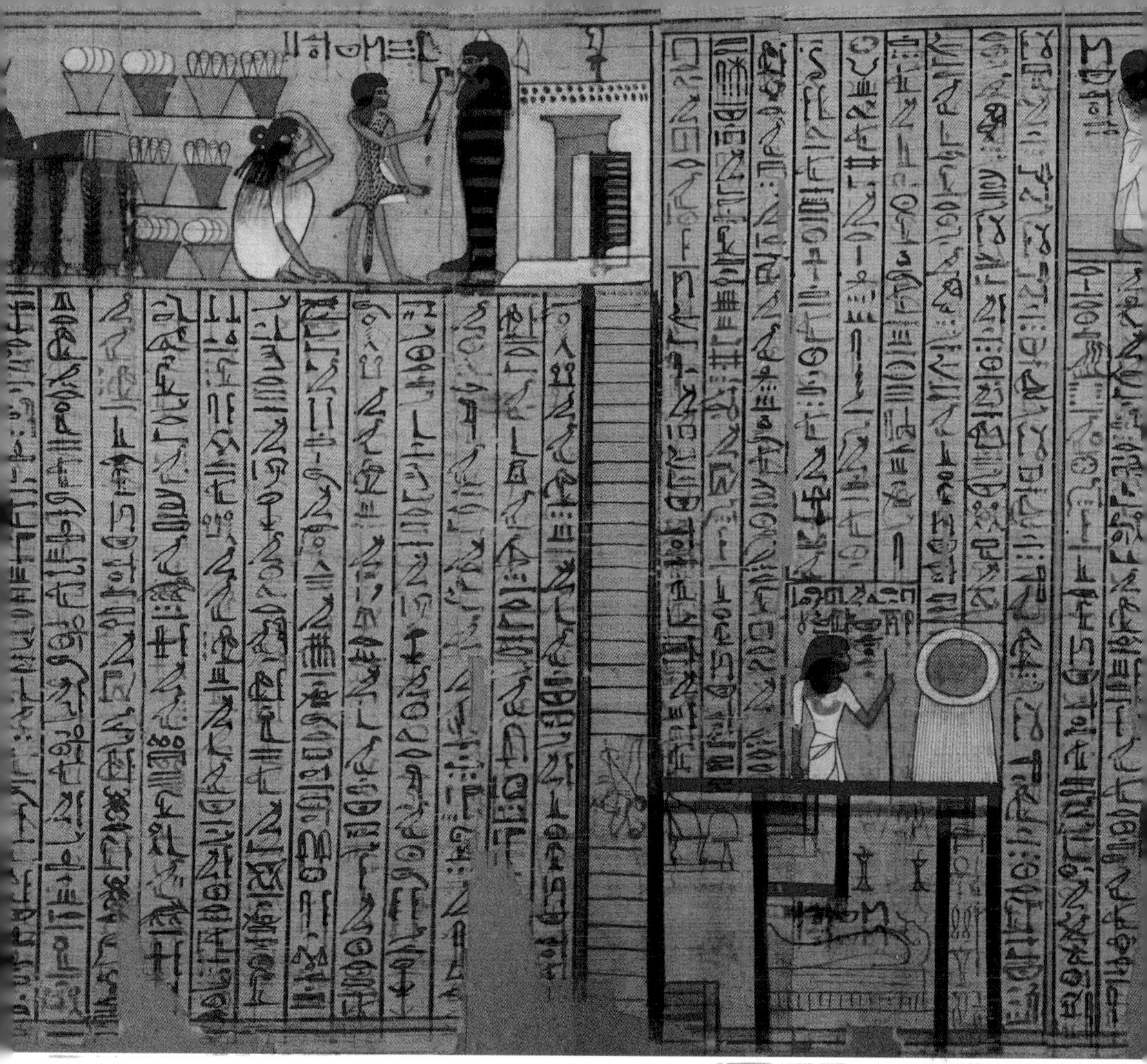

者たちの中には、親族や友人、家臣や召使いのほかに、職業的な泣き女たちもいる。副葬品や儀式用具が運ばれ、パピルスの巻物『死者の書』も用意されている。棺のそばには、オシリス神話（20～23頁参照）を再現させるように、イシスとネフティスの二女神が描かれている。

西方の女神アメンテトの前で

葬列が墓の前に到着する。小型のピラミッドを頂いた墓、墓碑やオベリスクを備えた墓など、パピルスによって挿絵の描き方も異なる。墓の前に供物が積み上げられ、今まさに「西方の女神アメンテトの前での儀式」がとり行われようとしている。アヌビス神のマスクをかぶった神官が、ミイラを起こして準備をしている。故人の後継者がセム神官の姿で登場する。そして「開口の儀式」が始まる。

死者を墓地に埋葬する前の最も重要な儀式である。この儀式は仏像などに行われる開眼の儀式に似ている。ミイラばかりでなく、死者の代わりをする彫像に対しても行われた。

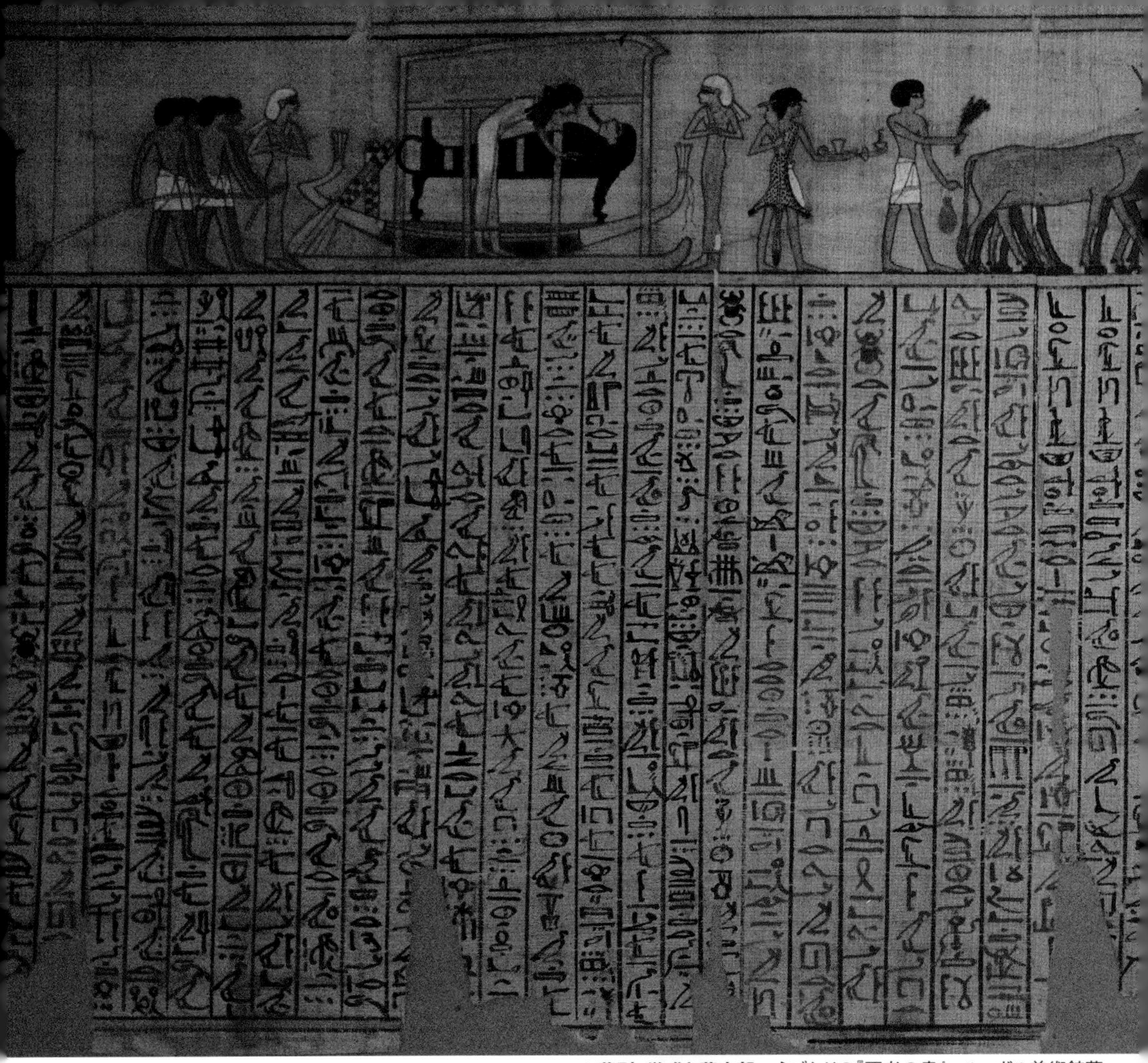

▲**葬列・儀式と墓内部**　ネブケドの『死者の書』。ルーヴル美術館蔵

儀式が終わると遺族は別れをおしみながら墓地から帰っただろう。挿絵にはそこまで描かれていないが、墓参りや死者のための法要も行われたようだ。お盆のような供養も「谷の祭り」として知られている。

書記ネブケドのパピルスのように、死者のバー（魂）が、墓の埋葬室まで降りていく珍しい挿絵を持つものもある。そこはもう現世ではなく来世なのだ。

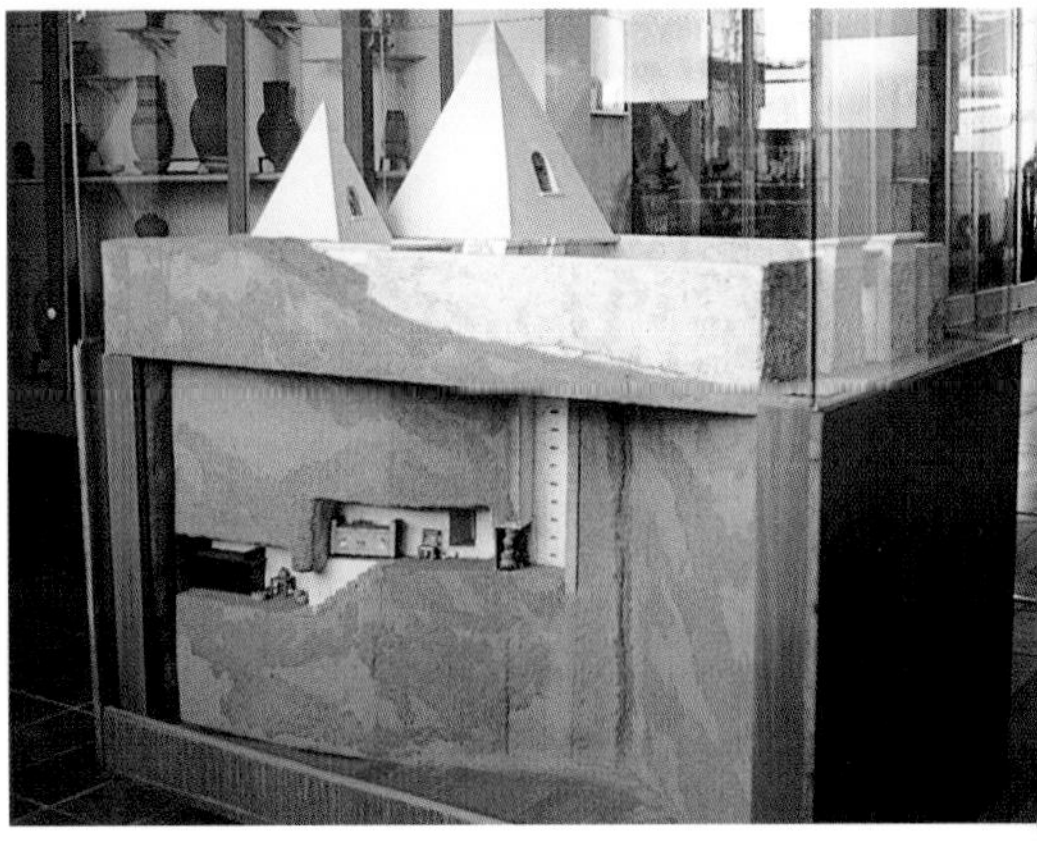

古代の私人墓の模型・地下内部　トリノ・エジプト博物館蔵

来世で口が使えるように

呪文21・呪文22・呪文23は、死者の口を来世でふたたび使えるようにするための呪文だ。21と22では、「私が話せるようにしてください」と死者が要求している。死者は「死者の裁判」やいくつもの冥界の門をくぐるときに言葉を発しないわけにはいかない。

呪文23は儀式のときに唱えられるもので、ピラミッド時代に「供物奉納の儀式」として彫像に対して行われた一連の儀式が踏襲されている。口だけでなく、あらゆる生命機能がこの儀式を行うことで回復すると考えられた。

死者の後継者が行う

この儀式を行うのは、死者の後継者と決められていた。ふつうは長男だったが、ツタンカーメンの墓で見られるように養

開口の儀式　ネブセニィの『死者の書』呪文23

▶開口の儀式　オシリスの息子ホルスが儀式を行う　インヘルカウの墓。デイル・エル＝メディーナ

父アイが行っている場合もあり、この儀式をとり行えるものに相続権があるということを示すために描かれることもあったようだ。オシリスの息子のホルスが「開口の儀式」をしている図は、神話の世界で王権を受け継ぐものが誰なのかをはっきり示している。儀式は豹の毛皮をまとったセム神官の姿をして行った。

儀式の手順を知るには、王墓の壁画やレクミラの墓の壁画が参考になる。儀式の道具には手《て》斧《おの》やナイフ、清められた牡牛の右足が使われた。そのほかにも薫香や香油や清めの水なども必要とされた。

▶**開口の儀式に使う道具類**　清めの香や油を入れる容器、手斧、ペセシュ・ケフ・ナイフなど生命機能をとりもどす道具、空気を送る羽根。牡牛の右足は牡牛のもつ精力にあやかる。アメンエムイネトの墓

開口の儀式　フネフェルの『死者の書』。大英博物館蔵

▲▶彫像に対する儀式　個々の彫像へも開口の儀式を行うことで生命機能がとり戻せる生命力（カー）の像となる。パイリの墓（上）とレクミラの墓。ルクソール西岸、クルナ村

▼開口の儀式（左端）　『死者の書』のパピルス。カイロ・エジプト博物館蔵

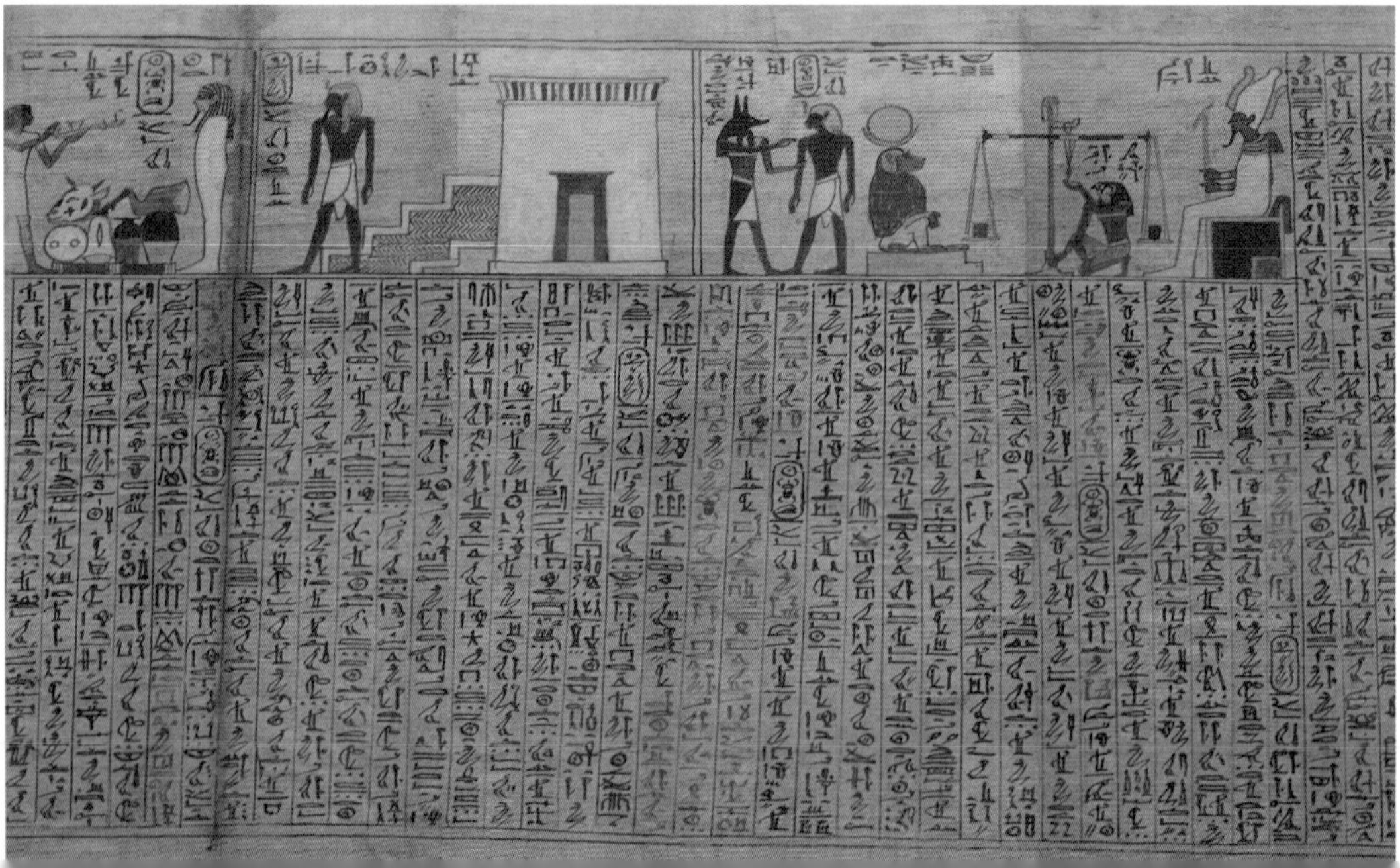

コラム

セム神官の表現いろいろ

豹の毛皮をまとい死者に儀式を行うセム神官

▲ネフェルタリ王妃の墓

▲センネジェムの墓

▲センネジェムの木棺　カイロ・エジプト博物館

▲故ツタンカーメン王に開口の儀式を行う後継者アイ王　ツタンカーメン王墓

▲センネフェルの墓

▲インヘルカウの墓

第二章 来世で守られる死者

① 呪文151 守護神たちの呪文

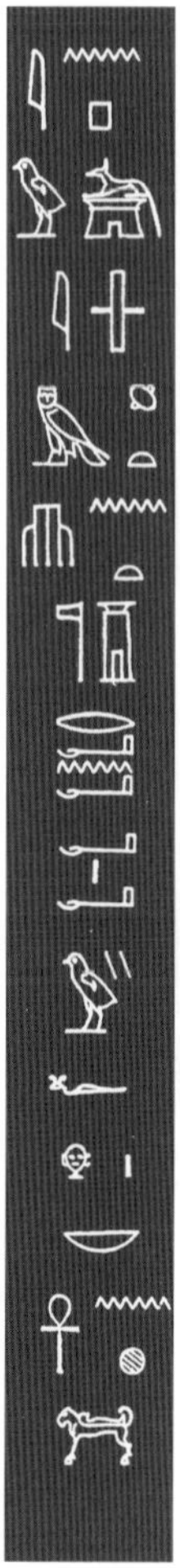

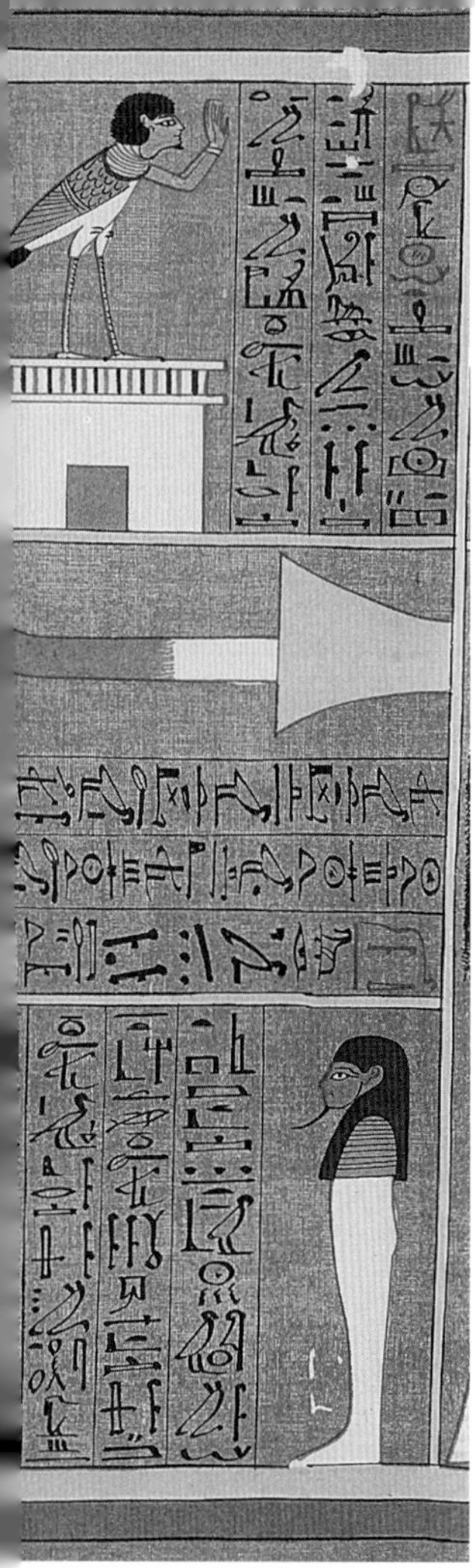

バーが自由に動けるように

古代エジプト人は来世に復活・再生するために、遺体をミイラにして保存した。遺体は包帯できつく巻かれているため身体の自由はなかった。けれども、人間の活動的な部分、バー（魂）はどこへでも行くことができた。昼には鳥の姿で自由に動き回り、夜になると肉体に戻って来た。入れ物の肉体が破壊されると、バーは戻る場所を失ってしまう。そのため、腐敗しない完全な遺体が必要と考えられた。ミイラのマスクは、自分がどこへ帰ればよいかの目印になった。

埋葬したあと、目に見えない墓の中でいったいどんなことが起こっているのか、古代人たちも確かめることができない。死者の遺体が多くの神に守られることを願って、呪文151には埋葬室内部の様子が図示された。『死者の書』のそれぞれの呪文を見る前に、神々と遺体の関係を知るよい手がかりとなるだろう。

ミイラをつくる神アヌビス

中央の棺台でミイラをつくっているのは、ミイラづくりの神アヌビス。彼は「ケンテイ・セフ・ネチェル（神聖なる小屋の第一人者）」と呼ばれて、遺体に防腐加工をほどこす部屋で仕事をする。彼のもうひとつの称号は「ネブ・タ・ジェセル（聖なる大地の主）」だ。広い砂漠の墓地の主人として一帯を守ると考えられた。エジプト人は、墓の周りをうろつく山犬やジャッカルが墓を荒らして遺体に危害を加えないよう彼らを鎮めるために、この動物を死者の守り神とした。挿絵の下部に山犬姿のアヌビスが墓の上に伏せている場面がある。山犬姿のアンプウの名前と称号と彼の言葉が添えられているパピルスもある。

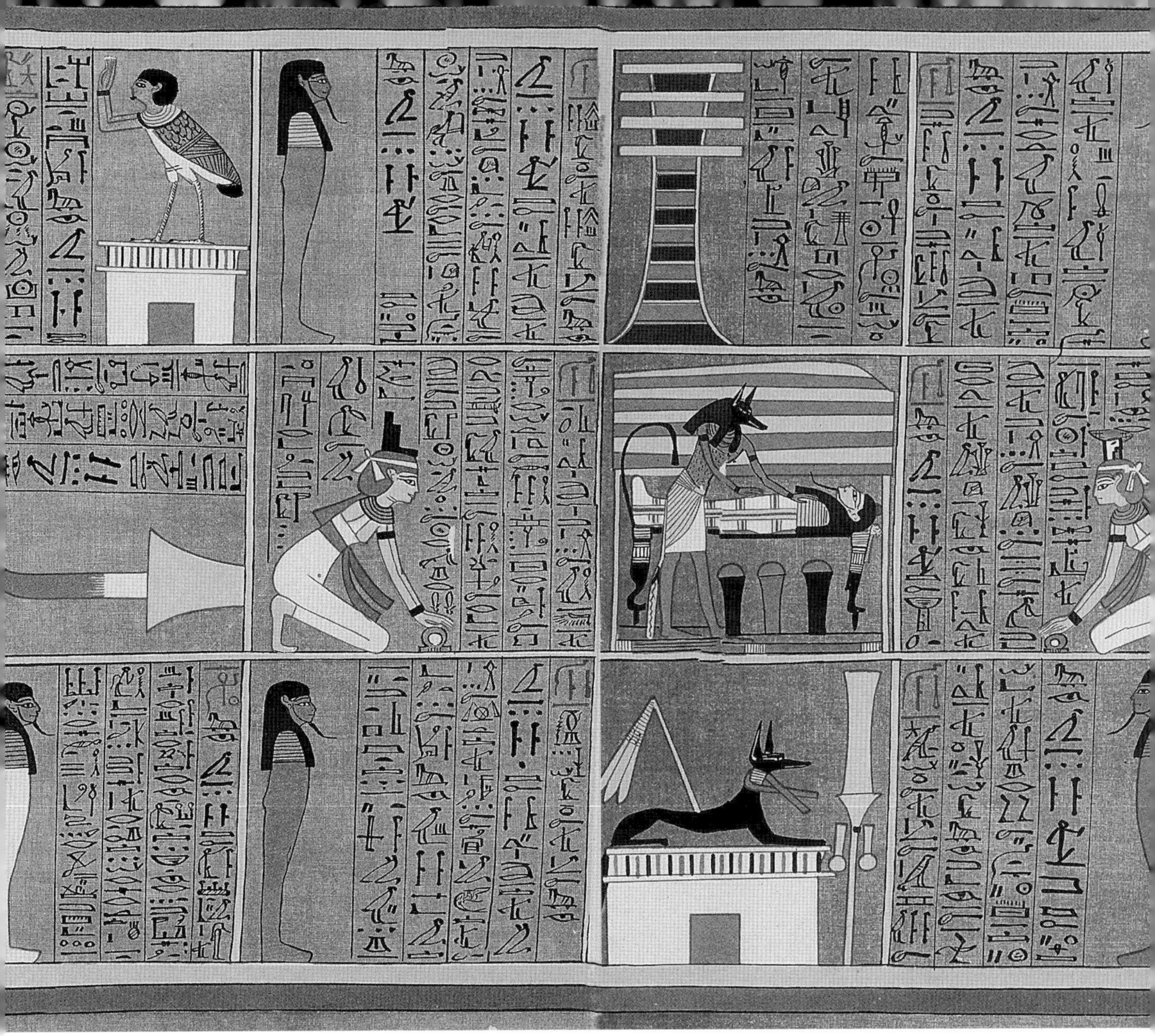

『死者の書』呪文151　アニの『死者の書』。大英博物館蔵

▲ミイラをつくるアビヌス神　イリネフェルの墓。ルクソール西岸、デイル・エル＝メディーナ

▶墓の入口を護るアヌビス　山犬姿のアヌビス神は墓の守護神である。センネフェルの墓（左、ルクソール西岸、クルナ村）とパシェドゥの墓（右、デイル・エル＝メディーナ）

木棺に描かれたミイラ、バーと二女神　二女神の位置が慣例どうりでない。棺台の下にはホルスの四人の息子の頭をもつカノポス容器が置かれている。大英博物館蔵

「アヌビス」はこの神のギリシア語名で、「アンプウ」は古代エジプト語名だ。書記ネブセニィのパピルスにはさらに長い呪文がある。呪文154の遺体の腐敗を避ける呪文は、第十八王朝の王トトメス三世の遺体を包んだ布にも書かれていた。呪文45は遺体の腐敗を避けるための呪文が書かれている。

マーク・レナーの『ピラミッド大百科』（内田杉彦訳）に興味ある記述がある。

肉体は、生きている間はケトあるいはイルウすなわち「形」、「姿」と呼ばれ、遺体になるとカトと呼ばれた。それはミイラに変えられると、サアフと呼ばれたが、その語根は「貴い」という意味にも使われた。ミイラ化とは肉体を生前の状態のまま保存することではなく、むしろ遺体を「呪力に満ちた」新しい肉体、包帯と樹脂にくるまれた似姿ないし彫像へと変えることであった。

オシリスの妹イシスとネフティス

横たわっているミイラの足先側にイシス女神が「永遠」と「保護」を示す「シェン」と呼ばれる丸い輪を持って跪《ひざまず》いている。彼女は、死者に向かって次のように語りかけている。

あなたが、あなたのサンダルの下に敵を踏み敷いて、神々のなかで凛々《りり》しくいられますようにお守りいたしましょう。あなたの肉体に息を吹き込んで元気になるようにいたしましょう。

イシスはオシリス神の妹で妻。オシリスが、弟のセトの陰謀によって肉体をばらばらにされて各地にばらまかれたときに、彼女は妹ネフティスとともに遺体を探しもとめて、最後に再生させることができた（20〜23頁「オシリス神話」参照）。イシスは時には大きな翼を持って表現される。そして、この呪文のように神話になぞらえてオシリスとなった死者のためにも翼を羽ばたかせて空気を送り込むのだった。

ネフティスは、ミイラの頭側に描かれている。彼女もイシスと同じように「シェン」を持って跪いている。

ネフティスは言う。身の潔白が証明され、〈声正しき者（マアケルゥ）〉としてオシリス家の一族になられたお方よ、あなたをお守りいたしましょう。さあ、

▲壁画に描かれた呪文151　ミイラと守護神たち　センネフェルの墓。クルナ村

▼墓内部の壁画　中央にミイラとアヌビス、左右にイシスとネフティスの二女神。カアベクネトの墓。ルクソール、デイル・エル＝メディーナ

◀**イシス女神が描かれたネフェルタリ王妃墓内部**　ルクソール西岸、王妃の谷

▲**『死者の書』呪文151のイシス女神の言葉(左)とネフティス女神の言葉(右)**　アニの『死者の書』

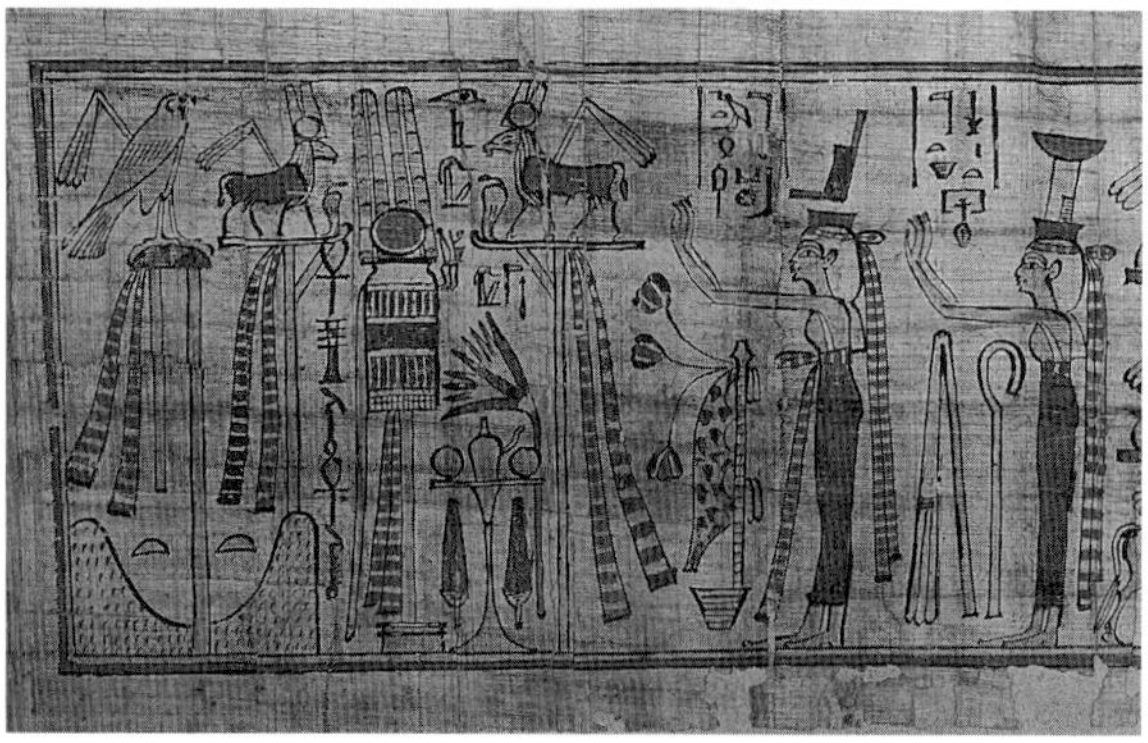

▼**聖地アビドスの標を礼拝する二女神**　『死者の書』呪文138挿絵。カイロ・エジプト博物館蔵

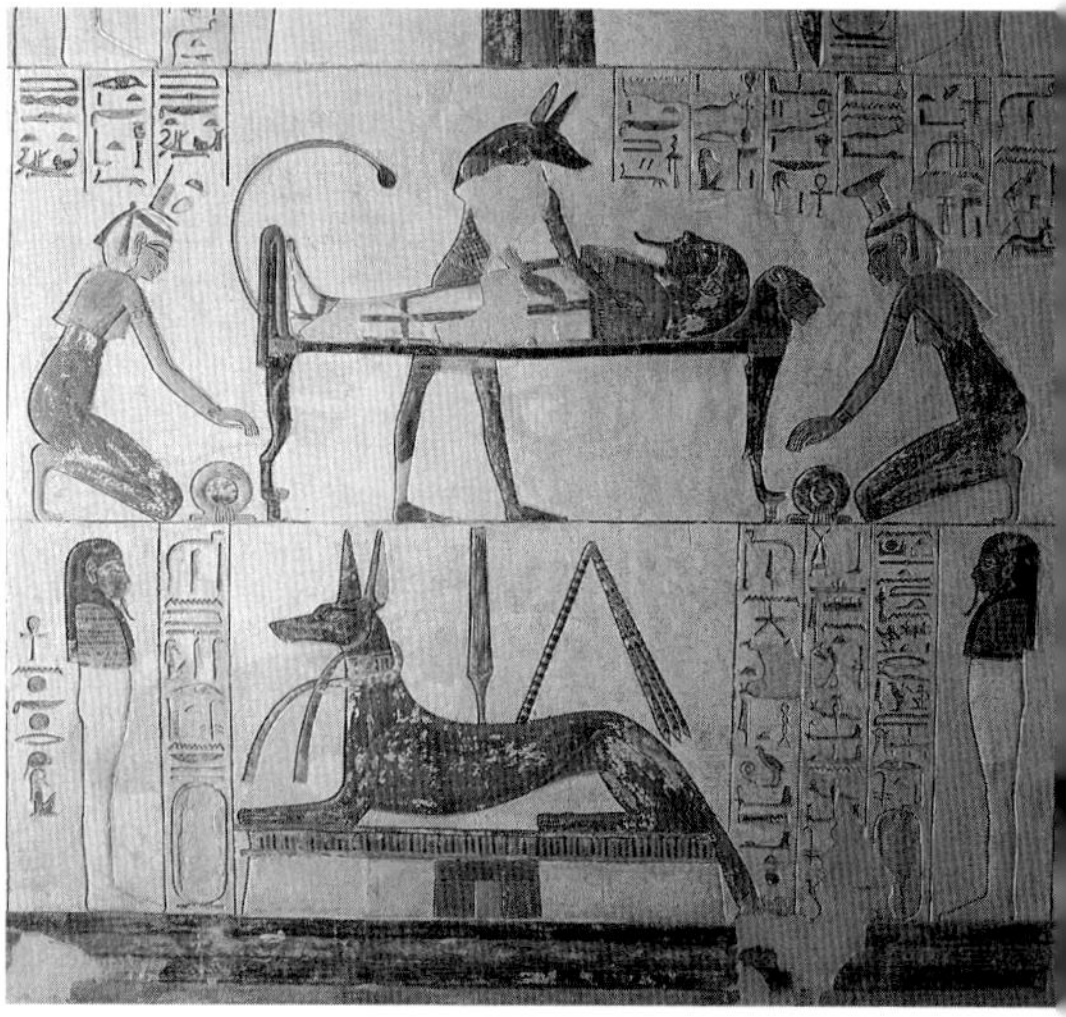

▼**死者オシリスを守る二女神**　シプタハ王墓。ルクソール、王家の谷

立ち上がって、あなたを亡きものにした敵に復讐をしてください。プタハ神がいま敵と戦っています。

ネフティスも空気を吹き込む翼を持って描かれることがある。彼女たちは、死者がオシリスの一族になって「オシリス某《なにがし》」と呼ばれるようになると対になって彼を守ってあげた。遺体を納めた棺の大きさや形にかかわらず、ネフティスは頭側に、イシスは足側に配置された。女神たちはみな、同じ姿、同じ衣装で描かれることが多いが、エジプト人たちはそれぞれの役割をちゃんとわかっていたので、見誤ることはなかったのだろう。それでも念入りに、まるで舞台の配役を記すように、役割を示すヒエログリフの文字を女神の頭上に置いている(46頁参照)。

内臓を守護するホルスの息子たち

棺台の死者の四方を守っているのは、「ホルスの四人の息子」と呼ばれた冥界の神々たちで、死者と同じミイラの姿をしている。神話では、オシリスはイシスとの間にホルスという息子をもうけた。ホルスはオシリスの死後、イシスの魔法で神々

◀**ハピの言葉**
アニの『死者の書』

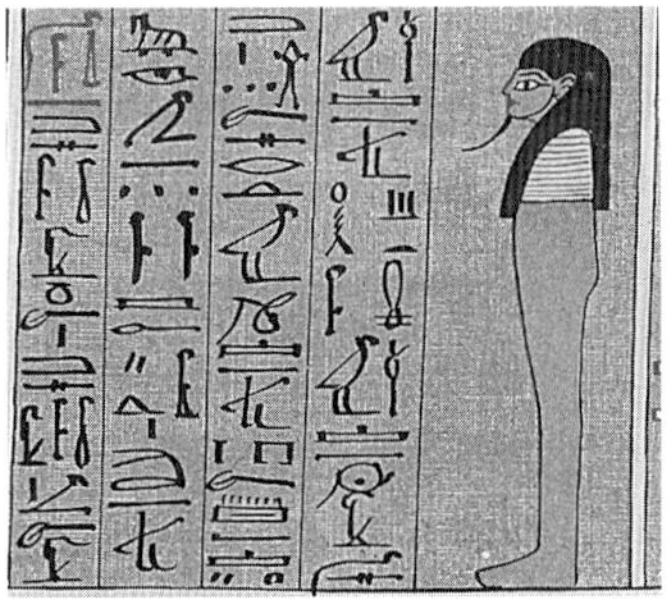

▶**イムセテイの言葉**
アニの『死者の書』

▲**ホルスの四人の息子小像**　ミイラの包帯に巻き込まれたもの。カイロ・エジプト博物館蔵

ホルスの四人の息子と役割

	頭部	守護する内臓	守護する方位	四人の息子を守護する女神	ヒエログリフ
ハピ	ヒヒ	肺	北	ネフティス女神	
ケベフセヌエフ	隼・鷹	腸	西	セルケト女神	
イムセティ	人間	肝臓	南	イシス女神	
ドゥアムトエフ	山犬	胃	東	ネイト女神	

◀**ケベフセヌエフの言葉**
アニの『死者の書』

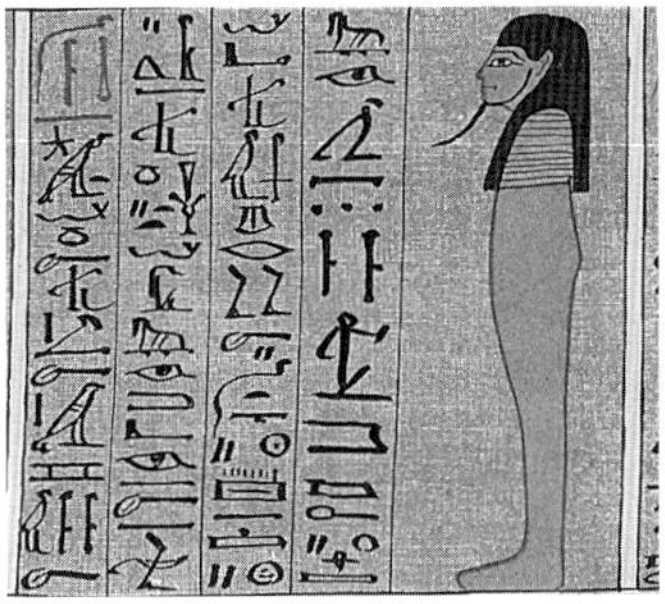

▶**ドゥアムトエフの言葉**
アニの『死者の書』

の世界に誕生した。母イシスと神々に守られて成長したあと、叔父セトと王位継承権をめぐって争った。ホルスが勝利したとき、父王オシリスは地上の王権を息子に任せて名実ともに地下の国の王となってしまう。『死者の書』ではイシスの息子ホルスは、呪文23の「開口の儀式」でオシリスの後継者としてセム神官の役割を務めた。そしてホルスの四人の息子たちが父ホルスに代わって死者を守っている。彼らはピラミッド・テキストでは「王の友」として、天に昇る王を梯子《はしご》のそばで助けていた。彼らはオシリスの棺を北天で守護する七人の神のうちの四人である。新王国時代になると、遺体の内臓をそれぞれ守る役割を受け持つようになった。

イシスの上方にいる神はハピ。肺を守る神である。

> 彼は言う。息子のハピが来ております。あなたをお守りいたしましょう。あなたの頭部を身体の部分にしっかりとつけて、敵を倒せるようにお助けします。

下方の腸を守る神が語る。

◀▲**カノポス容器いろいろ**　カノポス容器にはミイラづくりの時に死者の遺体からとりだした肺、腸、肝臓、胃の4つの内臓を納めた。(上・中)カイロ・エジプト博物館蔵。(左)トリノ・エジプト博物館蔵

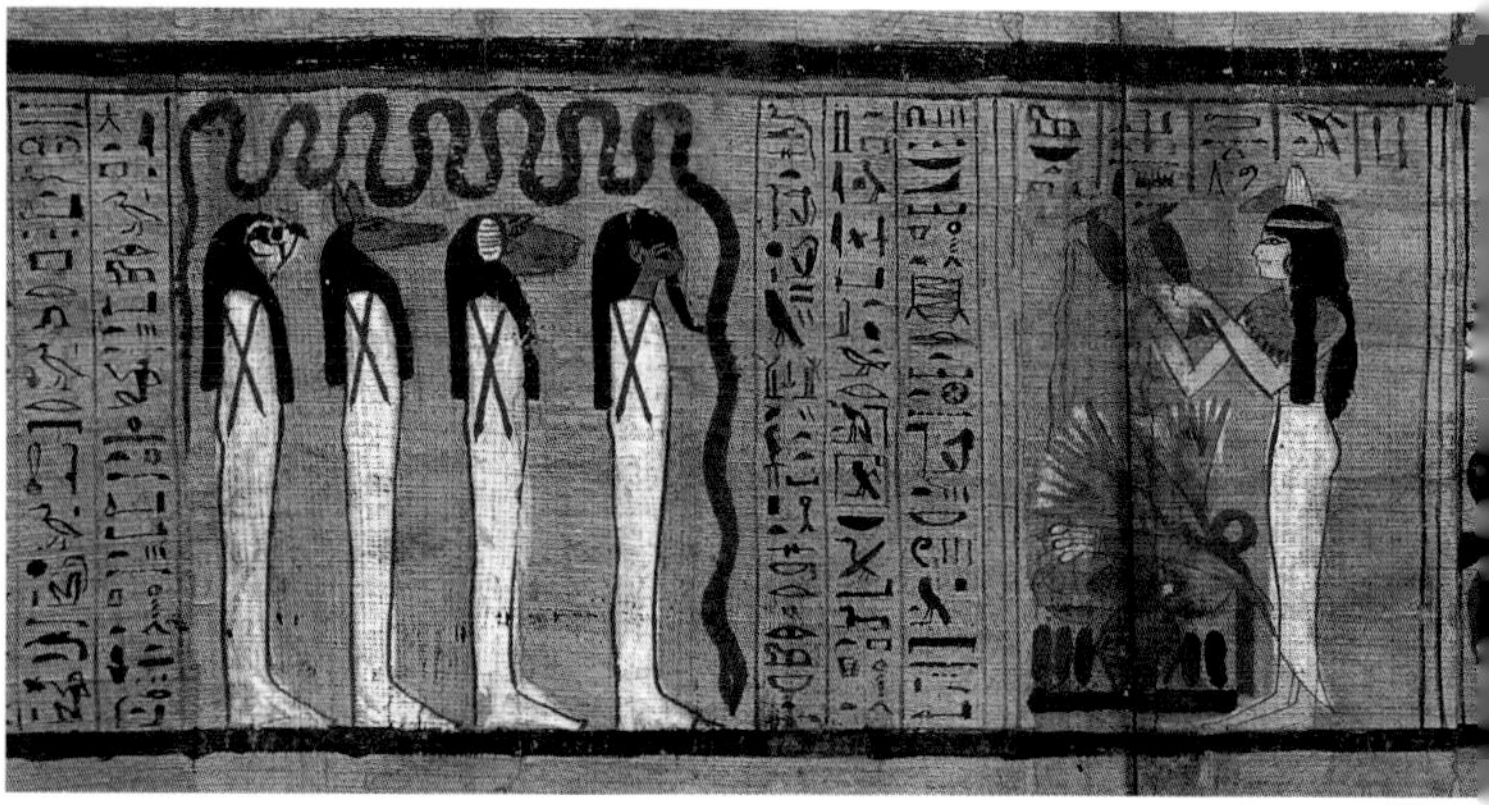

▲**ホルスの四人の息子を礼拝する死者**　大英博物館蔵

◀**木棺に描かれたミイラの包帯を持つホルスの四人の息子**　大英博物館蔵

　息子のケベフセヌエフがここにいて、あなたをお守りします。あなたの骨を集め、肉体を元どおりにし、心臓を元の位置に戻して、敵に立ち向かえるようにお助けいたします。

ネフティスの上方で肝臓を守るイムセティが言う。

　息子のイムセティです。オシリス、あなたをお守りいたしましょう。あなたのご一族が永遠に繁栄し続けるようにいたしましょう。プタハ神やラー神がそのことをお命じになられました。

ホルスのもう一人の息子で胃を守るドゥアムトエフも呼びかける。

　私はあなたの愛する息子ホルスです。あなたを傷つけるものから守るためにやってきました。私はあなたの両足のところで、ずっとあなたをお守りいたします。

このように、ホルスの息子たちと呼ばれた神々は、ホルスの分身となって父オシリスを守ることを約束した。アニのパピルス

◀灯明点火の呪文　ネブセニィの『死者の書』呪文137B

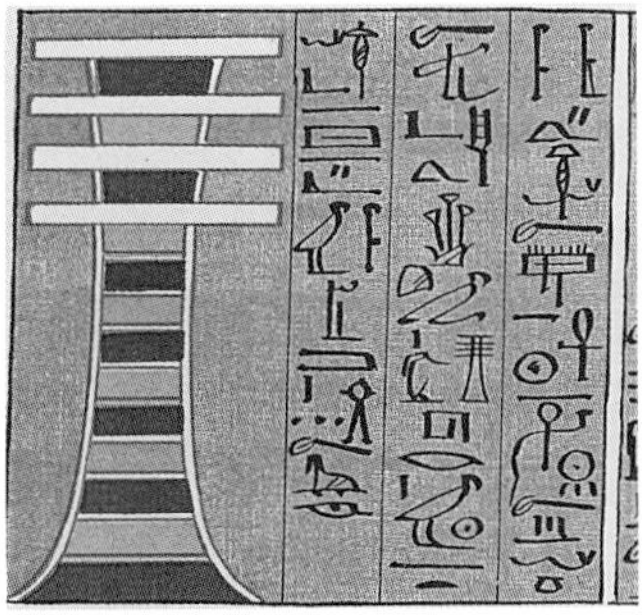

ジェド柱　アニの『死者の書』

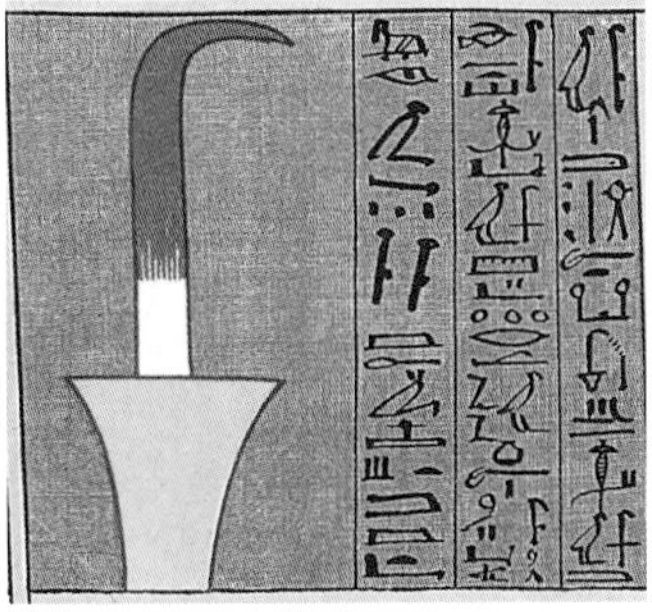

灯明　アニの『死者の書』

▼灯明点火の場面　赤く彩色された砂漠の縁（冥界の入口）でオシリス神に灯明を捧げる。ホルスの眼（ウジャトの眼）が灯明を持っている。パシェドウの墓

での四人と呪文の配置は見てきたとおりだが、他のパピルスで四人の配置がちがうときがある。描いた書記が間違えたのではなくて、立体を平面であらわすために起きたものと考えるとよいだろう。彼らと方位の関係はしっかりと決められていた。アニのパピルスでは棺台の下の内臓を納めたカノプス壺には装飾がないが、蓋《ふた》にそれぞれの守護神の頭部を象《かたど》った装飾をつけるのが流行した時代もあった。

死者のための「ジェド柱」と「灯明」の護符

神々以外にも死者を守護すると考えられたものが図示された。オシリスの呪物「ジェド柱」と冥界を照らす「灯明」だ。

かつてジェド柱は、メンフィス地方のハヤブサ頭の葬祭の神ソカル神と関係があったらしいが、オシリス信仰が一般民衆の間に広まると、「オシリスの脊椎」と考えられるようになった。デルタ地方のブシリス（古代名ジェドウ）にはオシリスの脊椎が埋められたと伝えられ、聖地のひとつになった。オシリスとなったアニにジェド柱からの守護の言葉が述べられている。

「黄金のジェド柱」の呪文155では、この護符をミイラの喉《のど》のところに置くと、新年にオ

葬祭用のマスク。ミイラが完成すると包帯を巻いた死者の顔の部分には石膏やカルトナージュ（亜麻布やパピルスを漆喰で固めたもの）や木で作ったマスクを被せた。ツタンカーメンやプスセンネス王の純金のマスクも発見されている。『死者の書』の呪文151の冒頭には「魔法のマスクの呪文」があり、ツタンカーメンの黄金のマスクにもこの呪文が彫られている

▲副葬品を運ぶ人びと　マスクを運んでいる　センネフェルの墓

◀ミイラマスクの呪文

◀木製のミイラマスク　古代オリエント博物館蔵

▶ツタンカーメンの黄金のマスクの背面　カイロ・エジプト博物館蔵

シリス一族のひとりとして立派なアク（聖霊）でいられるという約束がされている。

オシリス一族の住む冥界は、太陽神が巡って来て照らしてくれないかぎり、闇に包まれた暗黒の世界と考えられた。そのため、冥界の道をオシリスの館に行くまでの灯明が与えられた。

呪文137では、ホルスの四人の息子たちの名前がついた男たちが灯明を運ぶことが示されている。そこでは「ホルスの眼」も死者を守ることが繰り返し述べられている。

埋葬室の図（35頁参照）の右下に「バーが備わっていること」を述べるアニ自身と、左右の上方に東に昇る太陽神と西に沈む太陽神を礼拝するアニのバーがいる。

死者の分身として来世で働く「シャブティの呪文」（呪文6）もこの図に組み込まれている。

❷ 呪文6 シャブティを働かせる呪文

▲シャブティ　シカゴ大学オリエント研究所蔵

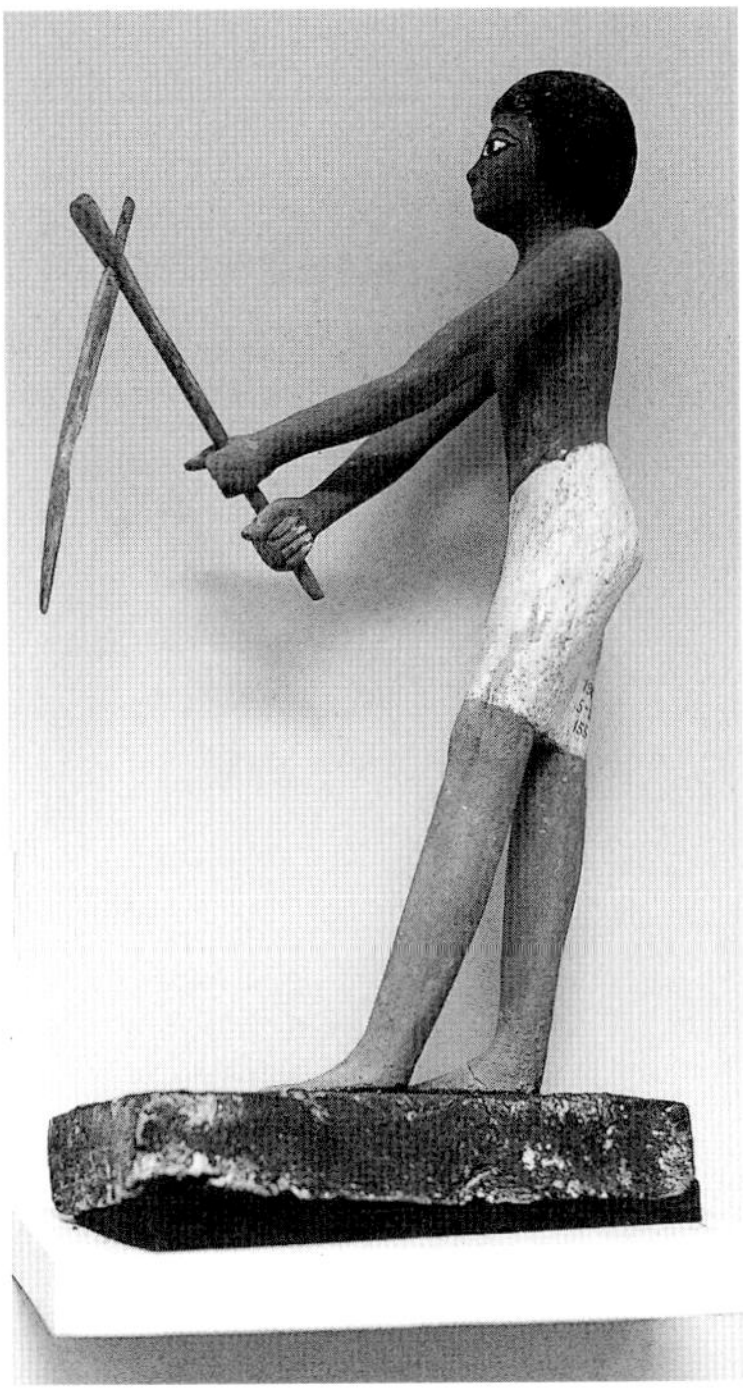

◀古代エジプトの農夫の模型　大英博物館蔵

▼農具鍬の模型　大英博物館蔵

シャブティの呪文
アニの『死者の書』呪文6

ミイラ形の彫像

墓の副葬品としてたくさん見つかっているミイラの姿をした小さな彫像は、「シャブティ」と呼ばれている。エジプトでは墓に多種多様な模型を副葬する習慣が早くからあった。供物づくりに携わる人々や、日用品の数々、来世で死者が不自由しないように、現世の生活を再現させる数だけの模型がある。

「ウシャブティ」とも呼ばれるシャブティ像も死者が来世で困らないように考案されたものだ。神々から困難な仕事をするよう頼まれたとき、死者に代わって返事をするよう望まれた。ツシャブティは、「答

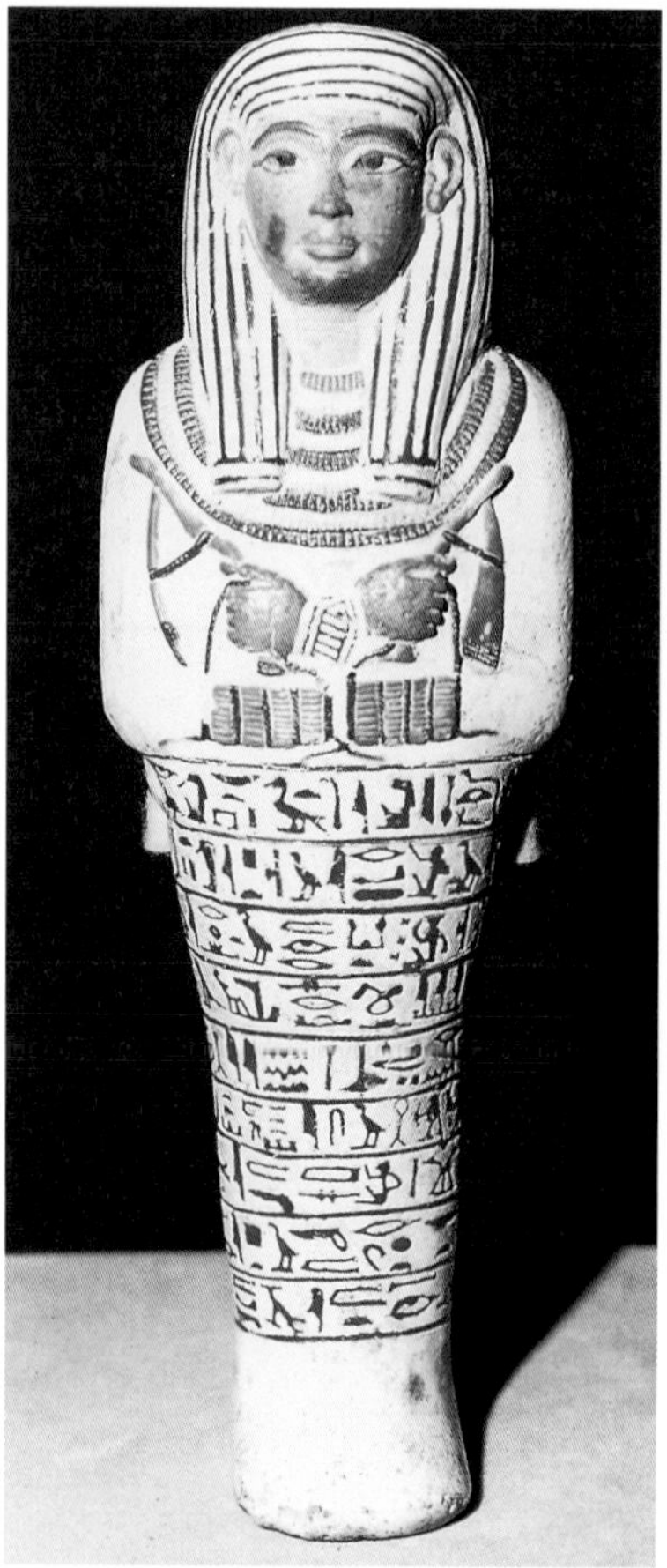

▲シャブティと彼らの持ち物　ボストン美術館蔵

◀シャブティ
中近東文化センター蔵

▼ツタンカーメンのシャブティ　カイロ・エジプト博物館蔵

えるもの」という意味がある。

「おお、シャブティよ、もし神の国で仕事を命じられたら、ここにおりますと答えよ」という内容の短い呪文が像に書き込まれている。仕事の内容は耕作や灌漑《かんがい》や砂運びで、現世での労働と変わりがない。死者の分身といっても新王国時代までにだんだんと数が増えて、召使いと解釈するほうがふさわしいようだが、王でさえ「神の僕《しもべ》」と書かれるくらいだから、神に呼ばれたときの返事は、実際に仕事をなし遂げるより重要なことだったのかもしれない。

『死者の書』呪文6　ネブセニィの『死者の書』。「墓地（死者の国）で男（死者）の仕事をシャブティにさせるための呪文」という書きだしのあとに、ネブセニィがシャブティに指示する言葉が続いている

シャブティと彼らの持ち物　大英博物館蔵

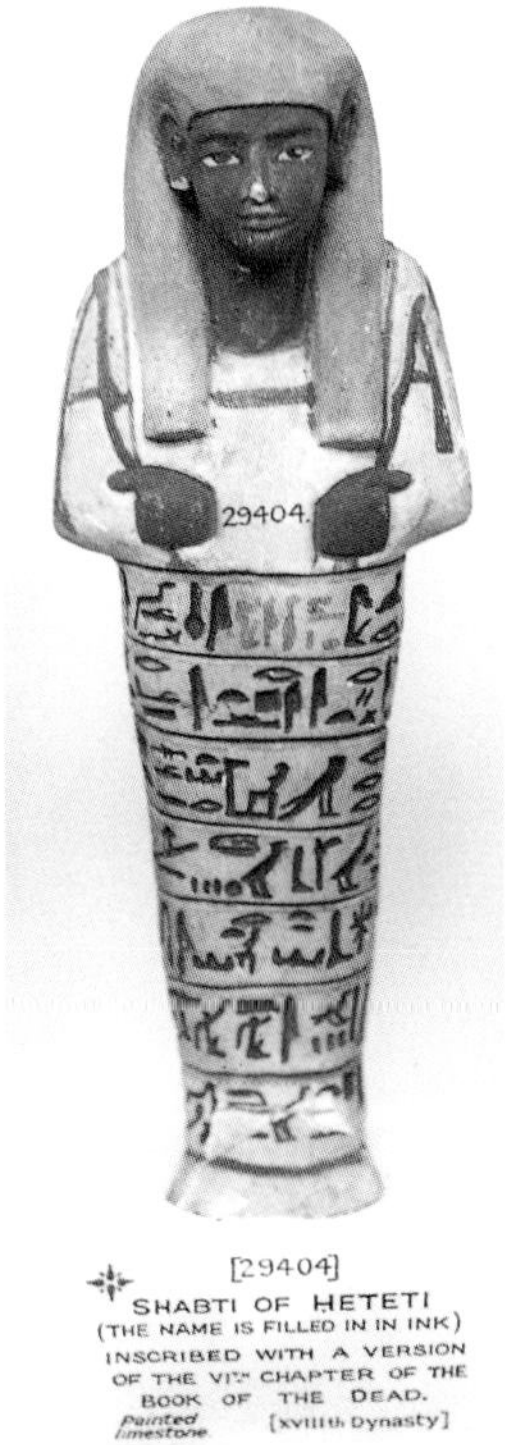

コラム

『死者の書』に書かれた神々の名前のヒエログリフをさがそう。

ヒエログリフの伝統

　エジプトの葬祭文書はどれも、死者が神々の前で告白したり祈願したりする神聖なものなので、ピラミッド時代から物の形を象《かたど》ったヒエログリフ（聖刻文字）の伝統が守られていた。縦書きのヒエログリフがぎっしり並んだ『ピラミッド・テキスト』は挿絵がない分、文字のもつ魔力や呪術の力がより強く感じられる。文字も省略されずにひとつひとつ刻まれているが、形あるものが死者に害を及ぼさないようにと、足を切断して書いてある文字もある。

　文書が棺の内側に記されるようになると文字や絵も描きやすくなり、呪文の数も増え、内容もバラエティに富むものになった。文字も彩色された。

　パピルス紙が使われるようになると、素材の扱いやすさや量産の必要性もあって形をくずしたヒエログリフが多く使われた。

「決定詞」をさがす

　まず、初めに神の「決定詞」をさがそう。「決定詞」は、単語の最後に書き添えることによって、その単語がどんな意味の分野に入るかを示している。ヒエログリフ文を読むのにとても便利なもので、単語の切れ目をさがすのにとても役に立つ。漢字の偏《へん》に似ているが必ず書くというものでもない。まず、神の決定詞①を覚えておいてもらおう。

　次に個々の神の名前やシンボルで、神を見分ける。古代エジプトで最も重要な太陽神ラーは、太陽そのものを象った字をさがす。挿絵では頭に大きな日輪をいただき、ハヤブサ頭で現れる②。そして神の決定詞①をつけてみる。

　地平線上にいる太陽をあらわしたラー・ホルアクティというハヤブサ姿の太陽神③。昇る太陽神の朝日ケプリは聖甲虫（スカラベ）の形④であらわされた。老いていく日没の太陽の創造神アトゥムは、橇とふくろうの文字⑤（完全を意味する）と決定詞だ。二重冠をかぶった人物で現れるときもある。

　冥界の王オシリスにはどんなヒエログリフが使われているのだろう。彼は死者たちの裁判を行い、正しい判決を下す。そんな公正な「眼」と「玉座」を組み合わせてある⑥。もちろん神の決定詞がつく。

　オシリス一族に迎え入れられた死者たちも「オシリス某《なにがし》」と呼ばれるようになり、名前の前にこの文字を持てるようになった。例えば故人アニは⑦で表示される。決定詞が神か人間かで区別してみよう。

　玉座を見つけ、決定詞に女の人のサインがついていたら、それはオシリスの妹で妻のイシス女神⑧だ。玉座に半円のパンの文字がついている。小さなパンは女性形を示す。卵の文字がつくときもあるが、これは子宮を表すのだろうか。イシス女神の頭上には、たびたびこの玉座の文字がみられる。

　オシリスの妹ネフティス（ネブト・フウト）の名前は、神が住む館（神殿）の上に籠をのせた文字⑨であらわされる。籠は「主人」をあらわしているので、「館の女主人」というわけだ。

「西」のヒエログリフと日輪をいだく牝牛の角を頭にいただく西方の女神アメンテトは新王国時代にはハトホルとして現れることが多かった。ハトホル（フウト・ホル）女神の文字は、ハヤブサを館の中にもっている⑩。ホルス神殿でハヤブサ神ホルス⑪を守るのが彼女の役目だった。新王国時代にはイシス女神もときに日輪と牝牛の角をつけている。

動物や鳥の姿をしている神々は、見分けやすい。墓地の守り神で、ミイラをつくるアヌビス⑫は山犬、ヒエログリフの考案者で魔法も使うトト⑬はトキの姿が決定詞にもなっているので見つけやすいだろう。

死者裁判で心臓と秤《はかり》にかけられる羽根が、真実の化身マアト女神のシンボルとなっている。農具の鎌と台座、それに腕とパンと羽根のヒエログリフでマアトと読む⑭。大気の神シューも同じ羽根を頭にのせている。

死者の書のヒエログリフ　　ヒエログリフ活字体

①神の決定詞
②太陽神ラー
③ハヤブサのラー・ホルアクティ神
④朝日ケプリ
⑤アトゥム
⑥オシリス
⑦オシリス・アニ
⑧イシス
⑨ネフティス
⑩ハトホル
⑪ホルス
⑫アヌビス
⑬トト
⑭マアト（真実・正義）

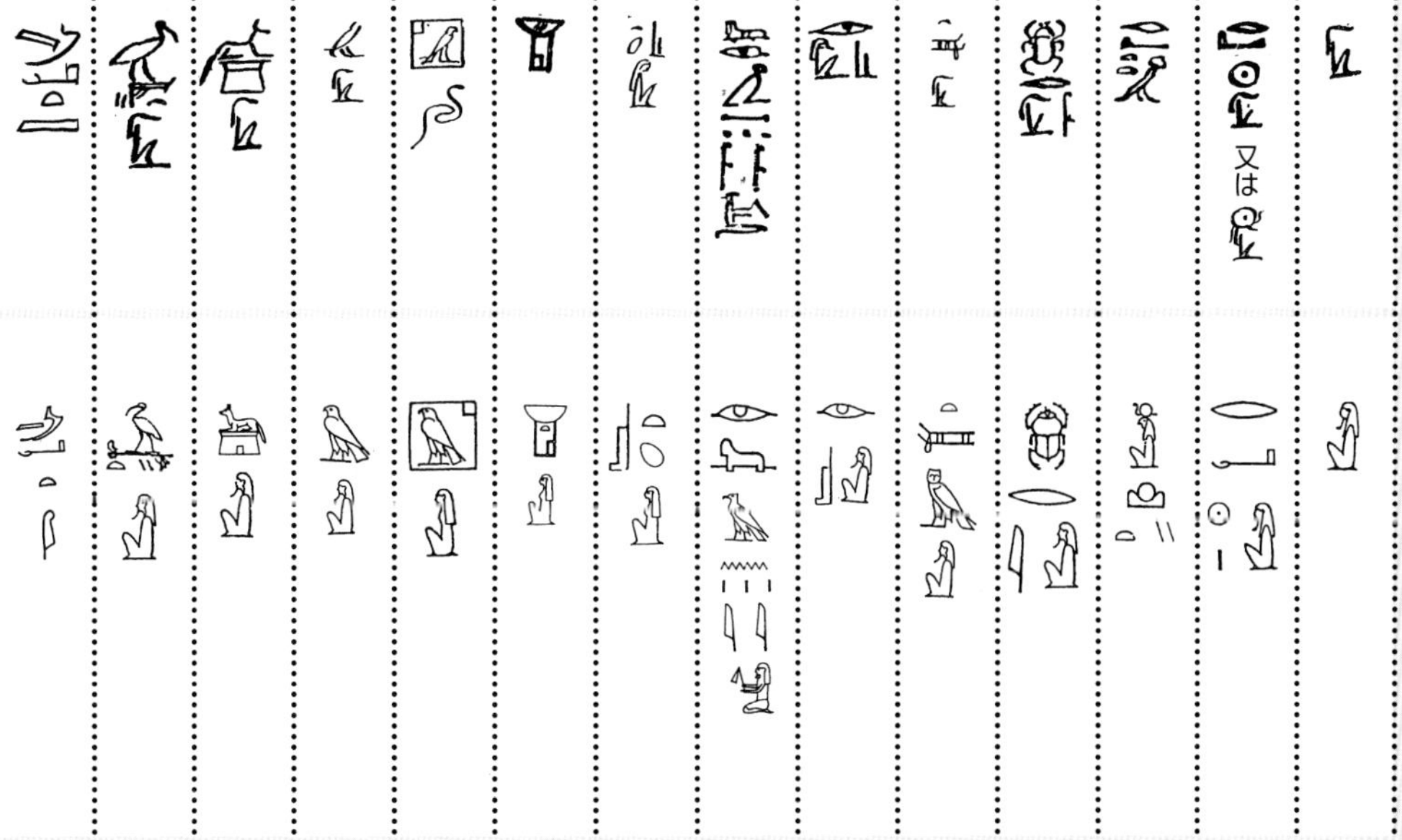

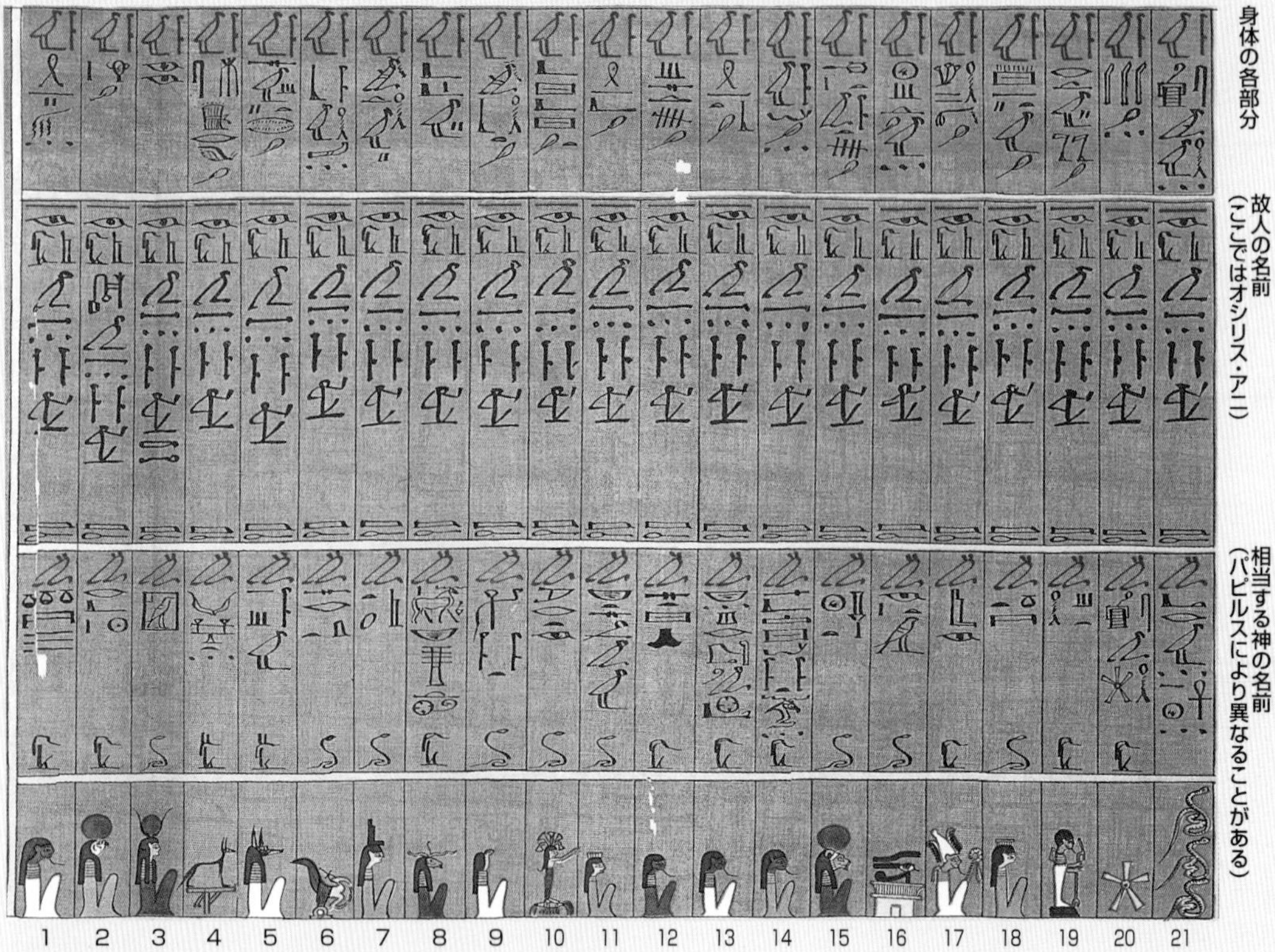

▼ヒエログリフ　ツタンカーメンの厨子のヒエログリフとネフティス女神

冥界の神々　アニのパピルス『死者の書』呪文42の挿絵。冥界で危害を受けないための呪文で、身体の各部分と神々を重ね合わせており、ミイラに包帯を巻く時も唱えられた
図左から

1　髪の毛はヌン（混沌の神）
2　顔はラー
3　両眼はハトホル女神
4　両耳はウプワウト
5　口唇はアヌビス
6　臼歯はセルケト女神
7　門歯はイシス女神
8　両腕はバネブジェト（メンデスの牡羊）
9　首はワジェト女神
10　身体の残り多くの部分（？）はメレト女神
11　まつ毛はサイスの女主人
12　脊椎はセト
13　胸はケルアハの神
14　皮膚（肉）は尊敬される偉大な神々
15　腹と背中はセクメト女神
16　臀部はホルスの眼の女神
17　男根はオシリス
18　腰はヌト女神
19　両足はプタハ
20　五指はサフ（オリオン座）
21　つま先は生きたウラエウス・コブラたち

コラム

オシリスの表現いろいろ

冥界で死者の王となったオリシスは王座や祠堂にミイラ姿で描かれた。手には曲杖と連竿を持ち、マアトの羽根をつけた白冠を被ることが多い。オリシスの前に下げられているのは頭を切り落とした動物につめものをしたもので、「イミウト」というアヌビス神の呪物。

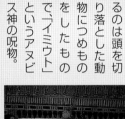

第二章 太陽信仰の世界

①……呪文15……天の東の地平線に昇るときの太陽神ラーへの礼拝

太陽の再生

豊かな水の流れが渇きを癒《い》やし、生命を育《はぐく》む源として大切にされてきたように、太陽は植物の成長をうながし、実りをもたらし、大地の豊穣を約束してくれる欠くべからざる存在として、古来、多くの地域で崇《あが》められてきた。ナイル河に依存する古代のエジプト人も、時に、降り注ぐ暑い陽射しに大地も枯れ果てて、生きるものすべてが焼けるような喉《のど》の渇きに襲われようとも、太陽を恵みの源として崇拝し続けた。

だから、彼らにとって、天空に燦然《さんぜん》と輝く日輪がその光を鈍らせ、西の地平線に沈んでいく様は不安をかき立てる出来事であり、日没の瞬間、彼らは「太陽が死んだ」と考えた。太陽はいったいどこに消えてしまったのだろう。一条の光も存在しない闇は、どんな生命も産み出さない死の世界であり、人々は眠りを貪《むさぼ》りながら朝を待つほかはなかった。

翌朝、消えたはずの太陽が再び光を取り戻して東の空に輝く瞬間というのは、エジプト人にとってただの自然現象ではなく、思わず顔をあげて拝まずにはいられない神々《こうごう》しいひと時だった。それはまさに太陽の誕生であり、奇跡のような復活劇に思われた。死に臨むものはこの太陽の再生にあやかり、自らもあの世で再び生き返ることを望んだ。

太陽と一体になることはかなわぬ夢としても、太陽に付き従うことくらいは許されるだろう、彼らエジプト人はそう考えた。そのためには、夜の闇をひたすら東に向かって天空の河を航行する太陽神ラーの聖船に便乗する必要があった。だからエジプト人たちは、『死者の書』の中でたびたび、太陽への讃歌を唱え、聖船の乗組員になることを願った。さらに、昼の航行にも同行して太陽とともに天空を巡ることで、永遠に復活・再生を繰り返すという運命を太陽神と共有しようとした。

▲太陽神ラーへの讃歌 アニの『死者の書』扉絵。安定・持続の象徴ジェド柱の上には生命をあらわすアンクが立ち両手で日輪を支え、東の地平線に今まさに太陽が昇ろうとしている。両脇には守護女神が座し、6匹のヒヒが日の出を礼拝する。左端でアニと妻トゥトゥが讃歌を唱えて日の出を称えている。大英博物館蔵

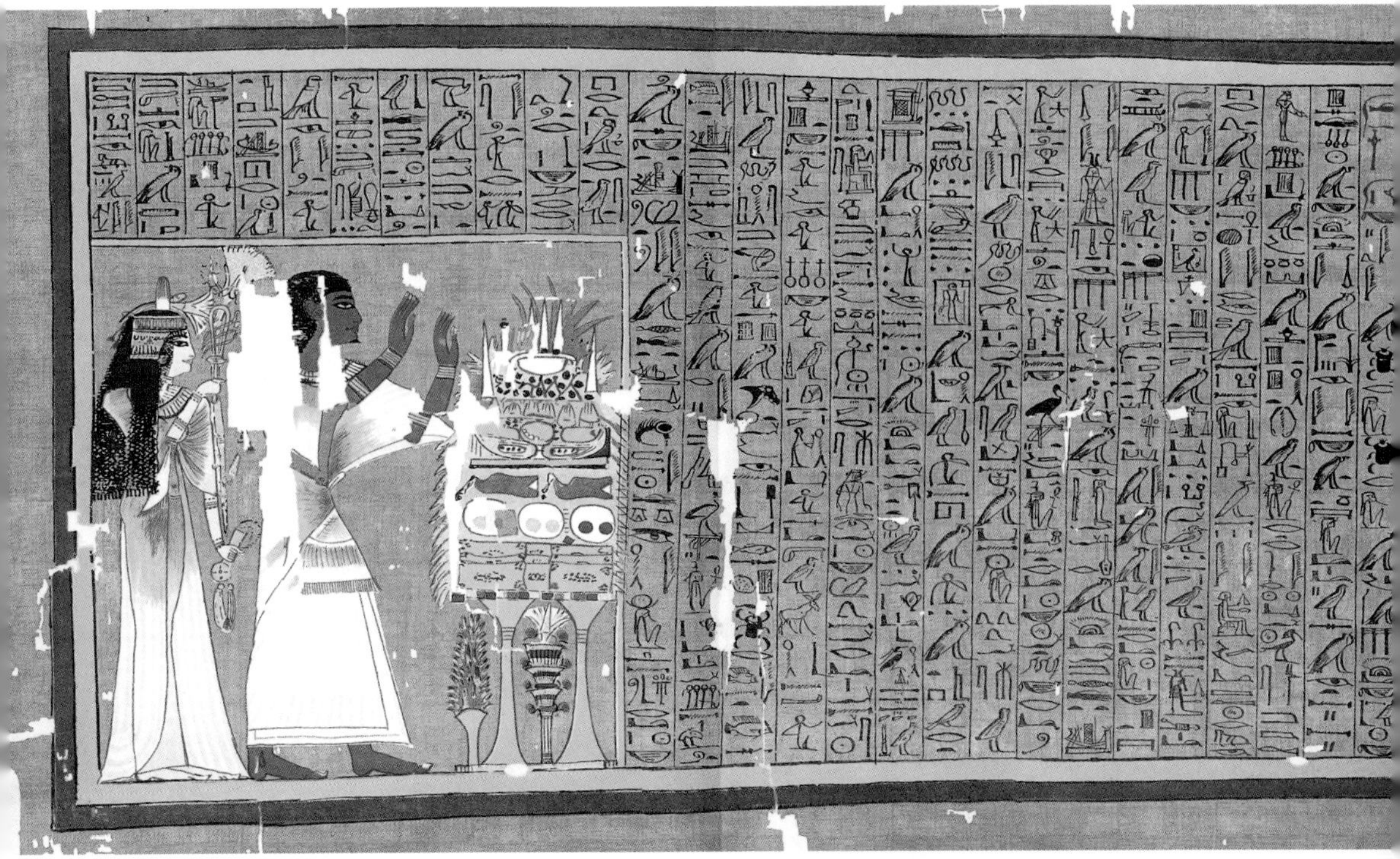

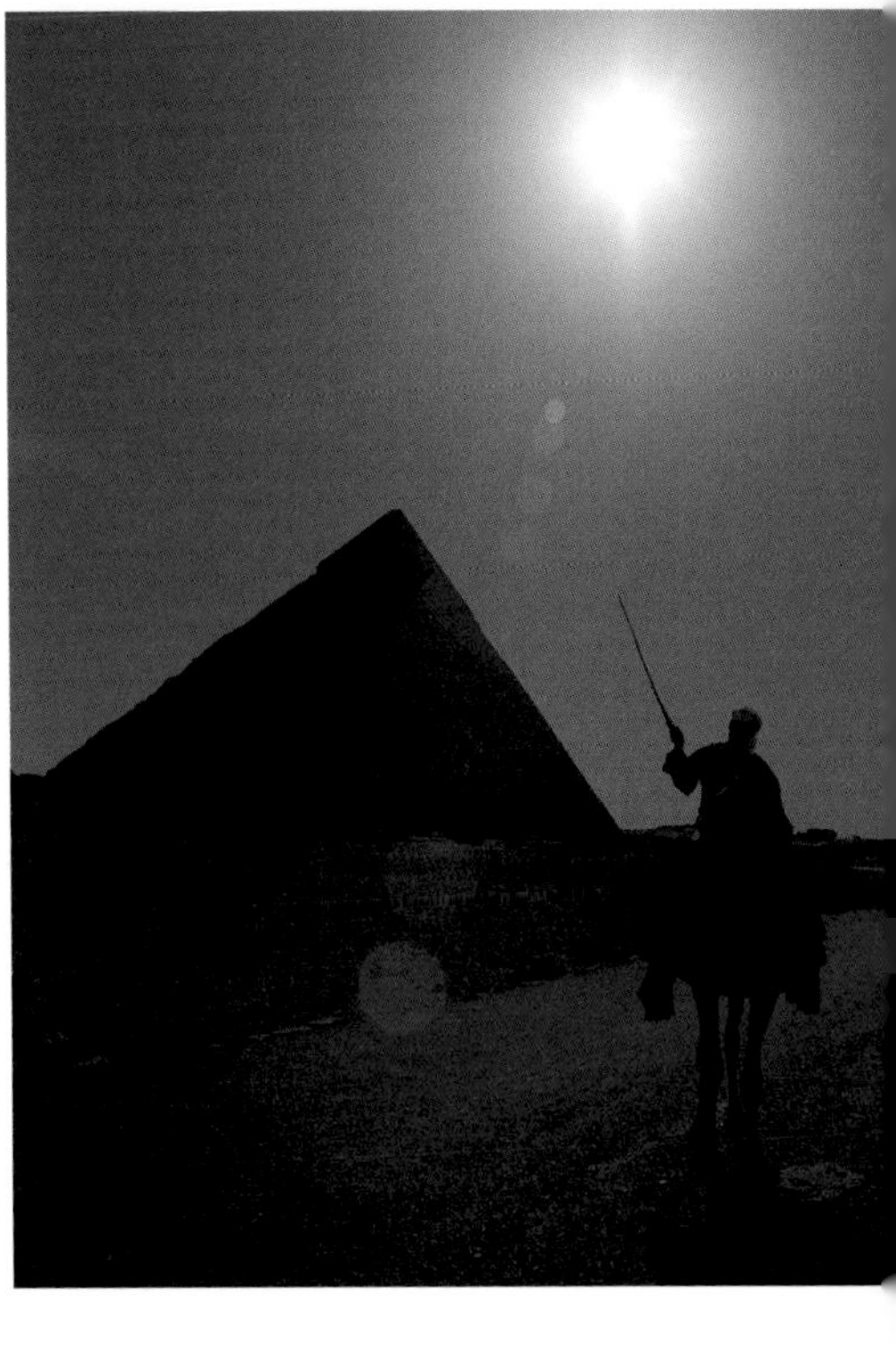

▶ギザのピラミッド

幸いなるかな、太陽神ラーよ

商人ケンナの『死者の書』では、呪文15は「天の東の地平線に昇るときの死者による太陽神ラーへの礼拝」ということばで始まっている。彼は称える。

幸いなるかな、昇る太陽神ラーよ。美しく出現するアトゥム神よ。昇れ。昇れ。光り輝け。光り輝け。……心躍らせてあなた様は進む。夜の船は（悪を）滅ぼし、昼の船は良き風を受けて（……）。ラーは喜びに沸き立つ。ラーは喜びに沸き立つ。すべての父はヌン。

◀日没の礼拝　ケンナの『死者の書』

▶太陽神ラーへの讃歌　フネフェルの『死者の書』呪文15。大英博物館蔵

すべての母はヌト。あなた様はラー・ホルアクティとして出現する。

挿絵では、死者ケンナが妻とともに、両手を顔の前に掲げ太陽神を礼拝している。

続く番号の呪文16は、呪文としての本文を持たないが、その挿絵は昇る太陽を礼拝する内容になっており、呪文15と深い関係があったようだ。特にケンナの『死者

◀日の出の礼拝　ケンナの『死者の書』。ライデン古代博物館蔵

▼若き王と香油を塗る王妃（椅子部分）　アメンヘテプ4世が断行した宗教改革以降、太陽信仰の影響が『死者の書』にも色濃く見られるようになる。中央に太陽神アテンが二人を見守るように輝いている

▶ツタンカーメン王の椅子　カイロ・エジプト博物館蔵

太陽の出現　アンハイの『死者の書』　原初の海からヌン神が太陽の聖船を持ち上げている。船上には太陽の化身であるケプリ神（スカラベ甲虫）が乗り、神々が付き添う。高く掲げられた太陽を二人の女性（おそらくヌト女神）が受け取ろうとしている。大英博物館蔵

の書』では、生命と安定の象徴が両手で太陽を高く持ち上げている場面と、二頭の獅子の背中で象徴される地平線に太陽が沈む場面をあらわす二つの挿絵が描かれていた。両方ともイシスとネフティスという二人の守護女神が太陽を守り、さらに両手をあげたヒヒが昇る太陽を礼拝し、沈む太陽をペとネケンの聖霊たちが迎えている。

　第十八王朝時代には、オシリスを礼拝する場面がかならずと言っていいほど『死者の書』の冒頭に置かれた。そこでは死者が呪文を唱える前に両手をあげ、あるいは身をかがめて、冥界の支配者オシリスにうやうやしく挨拶している。死者の国に足を踏み入れる前に、自分のこれからの運命を握るオシリスには丁重に接しておこうというわけだ。

　しかし、日輪の姿の神アテンへの信仰を強力に推し進めたアマルナ時代（前一三六〇頃）の影響を受けて、第十九王朝以降には、このような太陽を礼拝する挿絵が『死者の書』の扉を飾るようになった。

　あの空の太陽と同様に、永遠に巡ってくる復活・再生をどうにか手中に収めようという死者の大いなるもくろみを示すかのように。

②……呪文17……死ののちに起き上がるために唱えられるべき呪文の始まり

ふたたび目覚めるために

死が訪れ、埋葬が行われるときに唱えられる呪文が「日の下《もと》に現れ出るための呪文」（呪文1）だとしたら、呪文17は、死ののちに死者がふたたび目覚めて身体を起こし、生きていた時のように自由に動き回るために唱えられる呪文だった。

遺体を保護してくれるとはいっても、全身に巻かれた亜麻布は死者の自由を奪ってしまう。その戒めから解き放たれ、真っ暗な墓の中で起き上がるには、ちょっとした駆け引きが必要であり、多くの神々との出逢いを体験しなければならないのだ。

呪文は問答形式で、「それは何か」「それは何々である」というやり取りを延々と繰り返すことで、あの世のありさまやさまざまな神々を紹介している。それぞれに挿絵が添えられていて、全体が連続した長大な呪文だ。しかしその意味するものやその意図は実に難解で、『死者の書』の呪文の中でも最も古い起源のものだと言われている。

セネト・ゲーム

挿絵は、小さな祠《ほこら》の中でセネト・ゲームを楽しむ死者の姿で始まる。セネト・ゲームは細長い碁盤の上を双六《すごろく》のように駒を進めていくゲームで、たいてい二人が対局して遊ぶ。ところがこの呪文17では対戦相手の姿はなく、死者は見えない相手とゲームに興じている。ここでの死者の対戦相手は神だと推測されており、死者はこのゲームに勝つことで、来世に迎え入れられる切符を手に入れるのだと考えられていた。

バー鳥への変身

それを裏づけるように、次の場面では死者は鳥の姿に、人間の頭を持つバー鳥に変身して現れる。死んだとはいっても、あの世で生きるためには、生きていたと

●遺体の守護

◀**アニの『死者の書』呪文17（その1）** 挿絵は左から右に並んでいる。長大な呪文のため4つに分割した

▼**セネト・ゲーム盤** ゲーム盤には30枡と20枡のものがあり、これは20枡ゲーム。投げ棒や骨（アストラガル）をさいころ代わりに駒を進めて遊んだ。日本の盤双六の原型と言われる。ゲーム盤の側面にゲームをする死者が描かれている。ルーヴル美術館蔵

き同様に食べ物をとり水を補給しなければならなかった。呪文の力でこの姿に変身した死者は、現世と来世とをつなぐ墓の入り口から自由に飛び立ち、供物を受け取り、水を飲むことができた。

地平線の神々

バー鳥の次に登場するのは背中合わせに座る二頭の獅子で、地平線と太陽をその背中で支えている。そして、右の獅子には「昨日」、左の獅子には「明日」という文字が書き添えられていて、「天空」をあらわす象形文字が二頭の獅子の上いっぱいに広がっている。添えられた呪文では、この挿絵について次のように説明している。

「それは何か？」
「それは日輪の中におられるアトゥム神であり、言い換えると、天の東の地平線に昇るときにはラー神である」

この問答に続いて、さらに「昨日はオシリス神、明日はラー神」と説明は続く。

ルクソールの第二十王朝の王墓に描かれた『アケルの書』には、この呪文の挿絵のように二頭の獅子の背中を地平線にたとえた場面があり、そこでは、日中に天を巡った太陽神の聖船が日没を迎えて獅子の背中の地平線で憩い、再び次の朝に地平線から昇る様子を象徴的にあらわしている。太陽神も夕刻になると歳をとって体力が衰え、西の地平線の下に沈んだのちは夜の世界でオシリス神と一体となり、身体を休めて体力を蓄えると信じられていた。そして、次の日の朝を迎えると、太陽神は東の地平線から若返った姿で再び出現すると考えられた。

また太陽神は、ケプリ、ラー、ラー・ホルアクティ、アトゥムなど、その時々でさまざまな名前で呼ばれた。だからこの呪

▲コンスの外棺　センネジェムの墓から出た息子コンスの棺を運んだ橇付きの外棺。側面にはこのように『死者の書』の呪文17の挿絵が描かれていた。カイロ・エジプト博物館蔵

文では、「昨日」をオシリス、「明日」をラーになぞらえることで、死んだオシリスが翌日にはラーに生まれ変わることを暗示した。そして、太陽神とともに天の大河を渡ることで、太陽神と同様に死者も若返り、生まれ変わる可能性があることを示唆したものと思われる。

ベヌウ鳥

次の場面ではサギの姿をしたベヌウ鳥が登場する。太陽信仰の中心地ヘリオポリスの天地創造神話によると、ベヌウ鳥は最初に生じた「原初の丘」に初めて降り立ったという創造物だ。ベヌウ鳥は地上で最初の生き物であるとともに、再生の象徴でもあった。

遺体の守護

死者の遺体は、オシリス神話のようにあの世でイシス女神とネフティス女神に守られていた。ここでは二女神はトビの姿で現われ、枕辺ではネフティス、足元ではイ

▲アケルの書(全体)　ラメセス6世王墓。ルクソール西岸、王家の谷
▼アケルの書(部分)　王墓に描かれている葬祭文書のなかにも『死者の書』に通じる場面が登場する。背中合わせに横たわる2頭の獅子は東と西の地平線で、太陽神を乗せた聖船が夕刻に沈み(右)、朝に昇る様子があらわされている

●天の牝牛　●ホルスの4人の息子

シスが遺体を守護しており、このようなモチーフでは、かならず両女神はこの挿絵と同様の配置を厳格に守っている。

ヘフ神と「海」

永遠の時をつかさどるヘフ神は、ここでは混沌の神と呼ばれている。その横には「海」と名付けられた神が立っている。その伸ばした手の下には、それぞれ「ナトロンの湖」と「真理の湖」と呼ばれる湖がある。ナトロンはミイラづくりの際に遺体から水分を抜くのに使われたし、真理（マアト）という言葉も死者の裁判を連想させる。

冥界の入り口

ここで死者は、やっと「ロ・スチャウ」と呼ばれる冥界へ下るための入り口に到達したようだ。呪文はこのロ・スチャウについて、「それはわが父アトゥムがイアルの野に進むときにたどる道筋だ」と説明している。

ホルスの聖なる眼と天の牝牛

祠《ほこら》の上にある特徴的な眼は、ホルスの聖なる眼で、「支配権をめぐる法廷で、父の仇《かたき》セトと戦ったときに傷ついた眼」だ。天の牝牛については、「太陽神がその腹から生まれてきた」と呪文は述べている。

ホルスの四人の息子

呪文151でも見られるように、ホルスの四人の息子たちは死者の内臓を保護してくれる。呪文では彼らを「オシリスの埋葬を守護するものとしてアヌビスによって据えられたもの」と紹介している。だから、ここで彼らは死者の棺を守護している。棺からは「生命」の象徴アンクを手にした死者が現れようとしている。あの世での死者の目覚めを暗示しているのかもしれない。

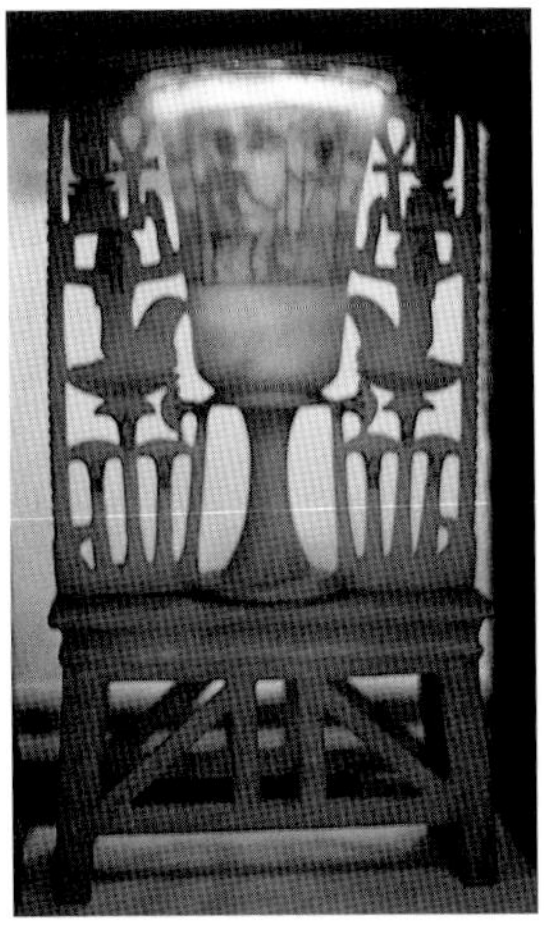

◀ツタンカーメンのランプ　ランプの支えにはヘフ神の姿が刻まれている。カイロ・エジプト博物館蔵

▼アニの『死者の書』呪文17（その2）

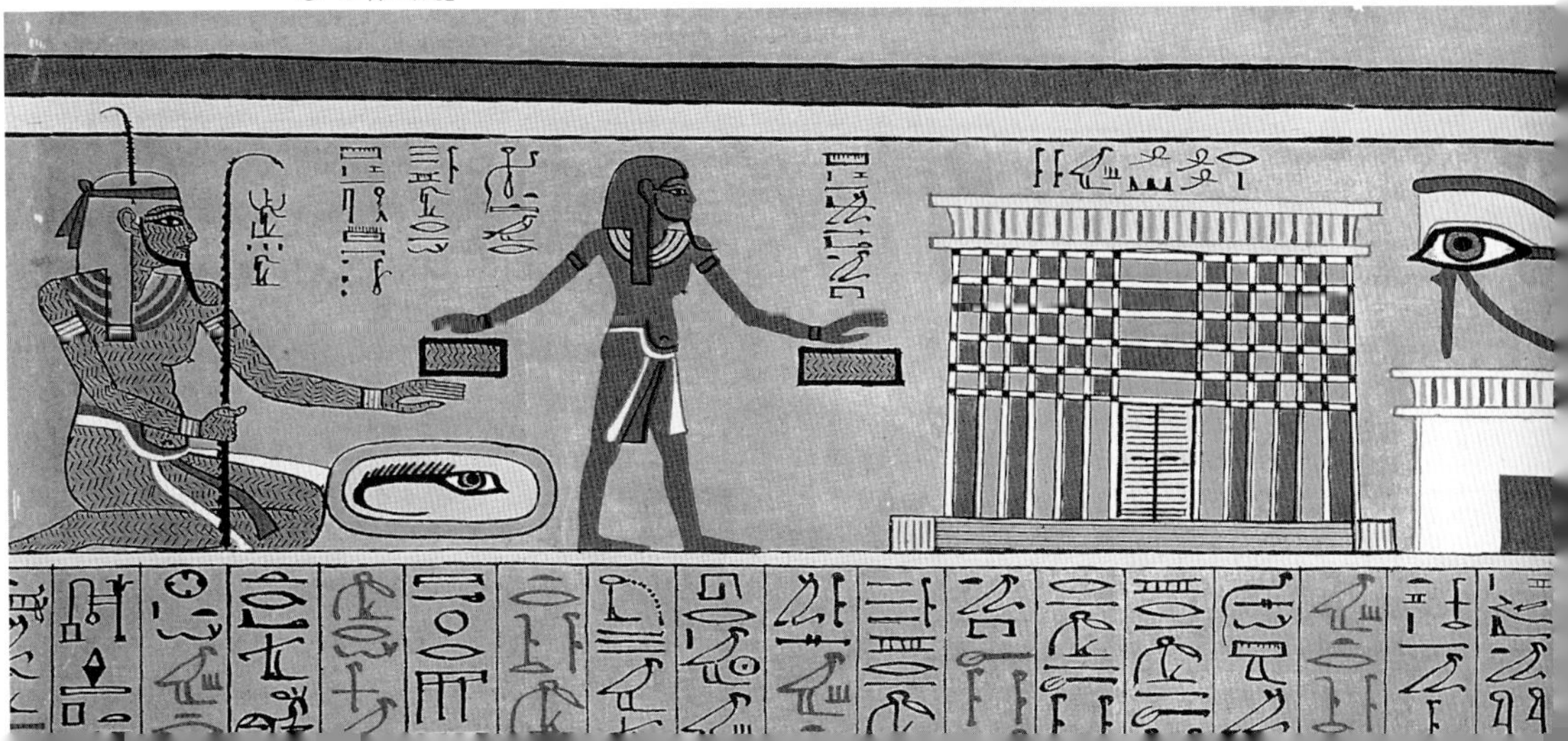

▼アニの『死者の書』呪文17（その3）

●冥界の神々

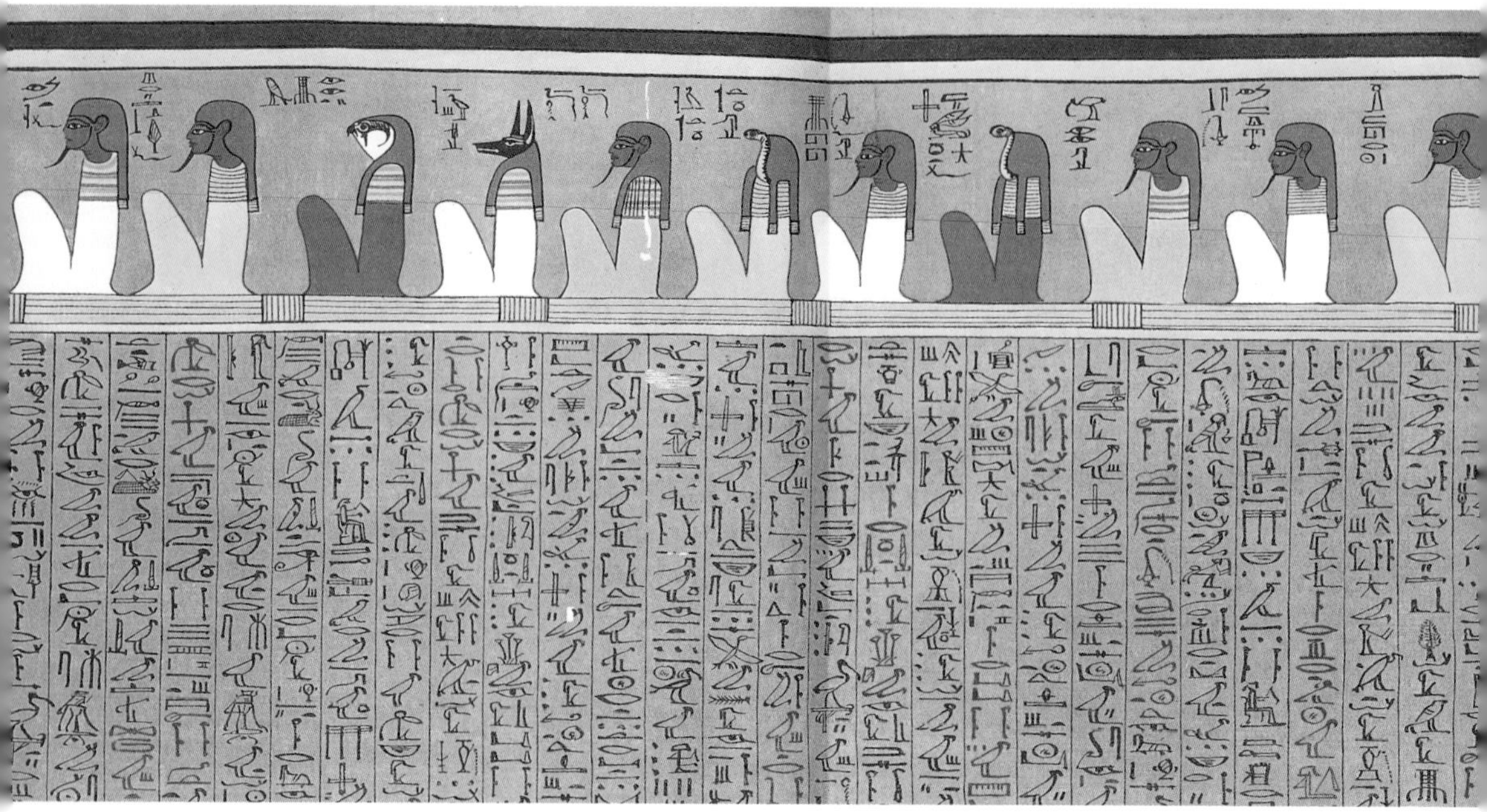

●東の空への出現

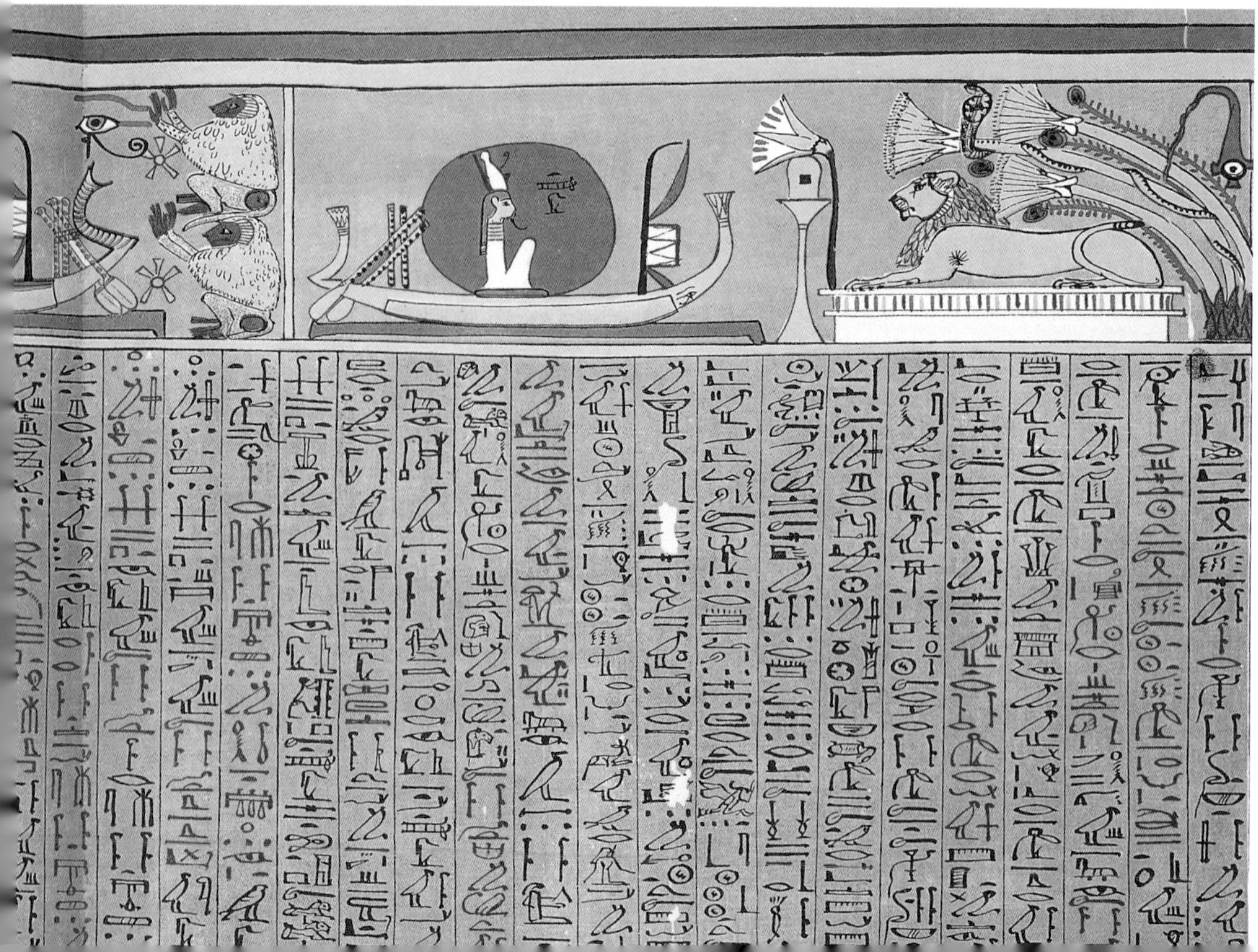

オシリスとラーの合体

太陽神ラーは日没とともに死を迎えると考えられたが、冥界に下ると横たわるオシリスの遺体と一つになって、そこで休息をすると信じられた。ここではオシリスとラーのバー鳥が向かい合って登場している。

▲オシリスとラーの合体　太陽神の1つの姿である羊頭のラーが、オシリスの白い長衣をまとって、再生のための眠りについている。イシスとネフティスはその呪力で再生を助けている。ネフェルタリ王妃の墓。ルクソール西岸、王妃の谷

◀聖猫の姿をしたラー神の戦い　インヘルカウの墓。ルクソール西岸、デイル・エル＝メディーナ

▼アニの『死者の書』呪文17（その4）

●オシリスとラーの合体　●太陽神ラーの戦い　●太陽神ケプリの聖船

▶ラー・ホルアクティ神　セティ1世王墓。ルクソール西岸、王家の谷

太陽神ラーの戦い

聖猫の姿で現われているのは太陽神ラーの化身だ。彼はアポピス蛇をナイフで切り刻んでいるが、太陽神にとって進路を妨げるアポピス蛇は永遠の敵であり、打ち負かすべきものでもあった。

東の空への出現

太陽神はラー＝アトゥムになって、皆に祝福されながら聖船に乗り込み、今まさにアケルの背を借りて東の空に昇ろうとしている。

▶アトゥム神　ネフェルタリ王妃の墓

アニのパピルスやフネフェルのパピルスでは豊かに彩色された挿絵が添えられているが、初期の頃の『死者の書』では長大な呪文だけで、このような挿絵を見ることはできない。長々とした呪文はどこか神秘的ではあるが、意味不明な点が多々ある。もしかすると、当のエジプト人にも理解の及ばない深遠な祈りの言葉だったのかもしれない。のちに呪文に添えられるようになった挿絵は、どうにかして意味を汲みとらせようとする神官たちの苦肉の策だったのかもしれない。第十九王朝のラメセス二世の王妃ネフェルタリの墓では、この呪文17の一部が鮮やかな色彩で前室を飾って、パピルス以上の美しさを誇っている。

▶ケプリ神　ラメセス1世王墓。王家の谷

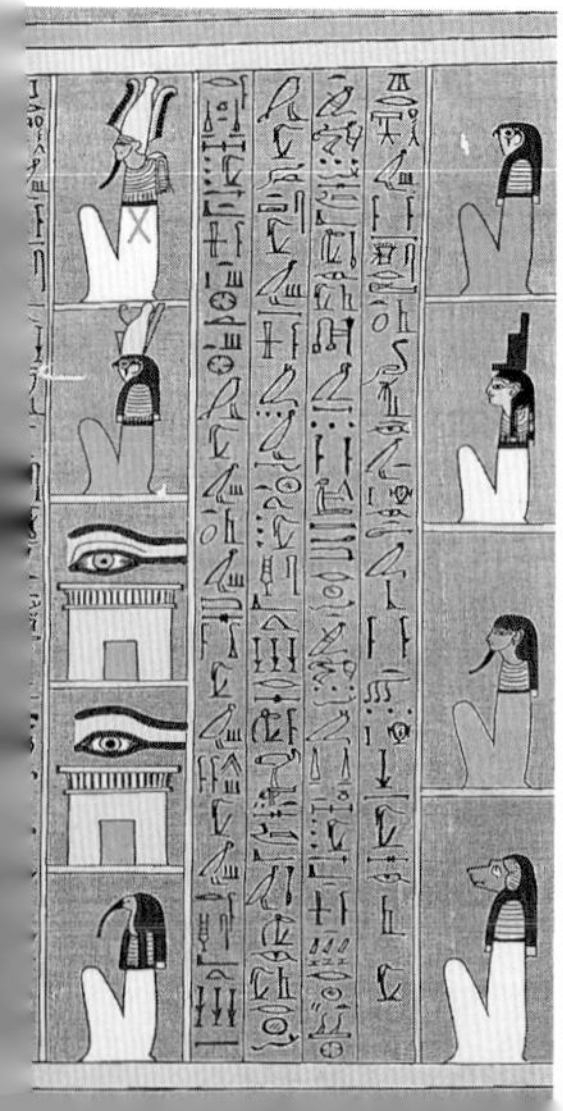

トキの頭を持つトト神は、初期王朝時代からヘルモポリスで崇拝されていた重要な神だった。時には月の神として太陽の船に同乗し、またある時は知恵と学問の神として書記の守護神となった。新王国時代にはヒヒの姿でも祀られ、仕事ぶりを見守るように書記の座像のかたわらにたびたび登場した。呪文94では、神の秘密に通じるものとしてその知識の一端を死者から求められ、呪文125ではオシリスの裁判で記録をとる書記の役目を担った。

身の潔白を証言してくれるもの

この呪文18では、「神々の居並ぶ法廷で反証するものに対して死者の潔白を証言してくれるもの」という言葉を繰り返して、判決を下す神々への口添えをトト神に暗に求めている。この「法廷」は、呪文125の舞台である、四十二柱の陪審の神々が一堂に立ち会うオシリスの裁判の間《ま》とは明らかに異なっており、エジプト各地に散在して、その構成員となる神々もそれぞれに違っている。たとえば、ヘリオポリスの法廷はアトゥム、シュウ、テフヌトの三神、アビドスの法廷はオシリス、イシス、「道を開くもの」という名のウプワアトの三神で構成されていた。

しかし、アニの『死者の書』の挿絵では、彼らは一堂に会して死者からの礼拝を受けているから、呪文18の法廷というのは、オシリスの御前《ごぜん》での裁判のために全土から参集してくる陪審の神々を、地域ごとに紹介しているだけなのかもしれない。いずれにせよ、法廷において死者の潔白が証明されなければ、判決は同じことだ。地獄に落ちるか、あるいは楽園にたどり着けるかは、トトを介して神頼みするしか方法はないようである。

この呪文18は、好んで呪文17のあとに続けてパピルスに記されている。

▲トト神　アニの『死者の書』

▼アニの『死者の書』呪文18

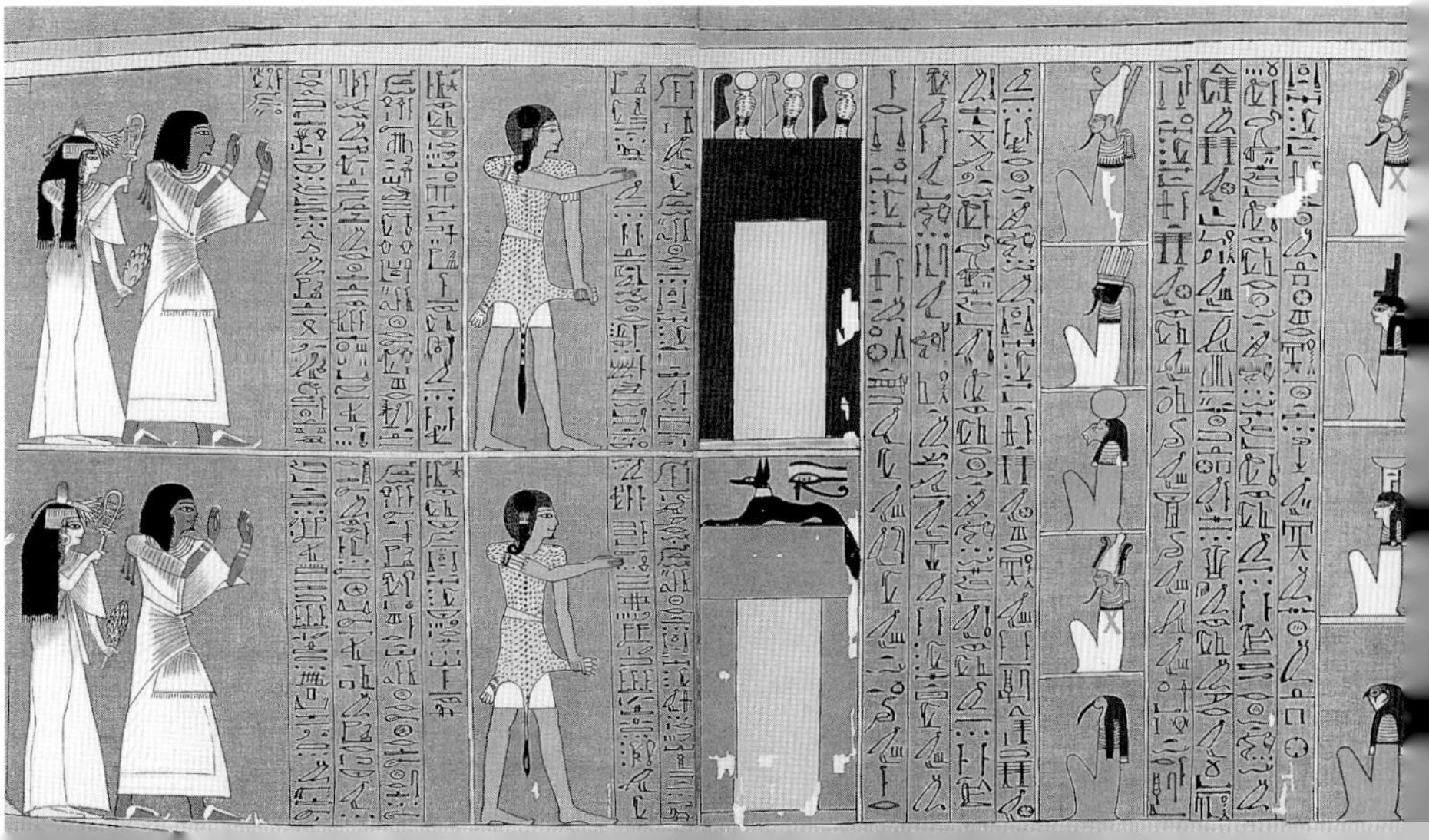

コラム 古代エジプトの神話

ヘリオポリスの天地創造神話(木棺部分)　トリノ博物館蔵

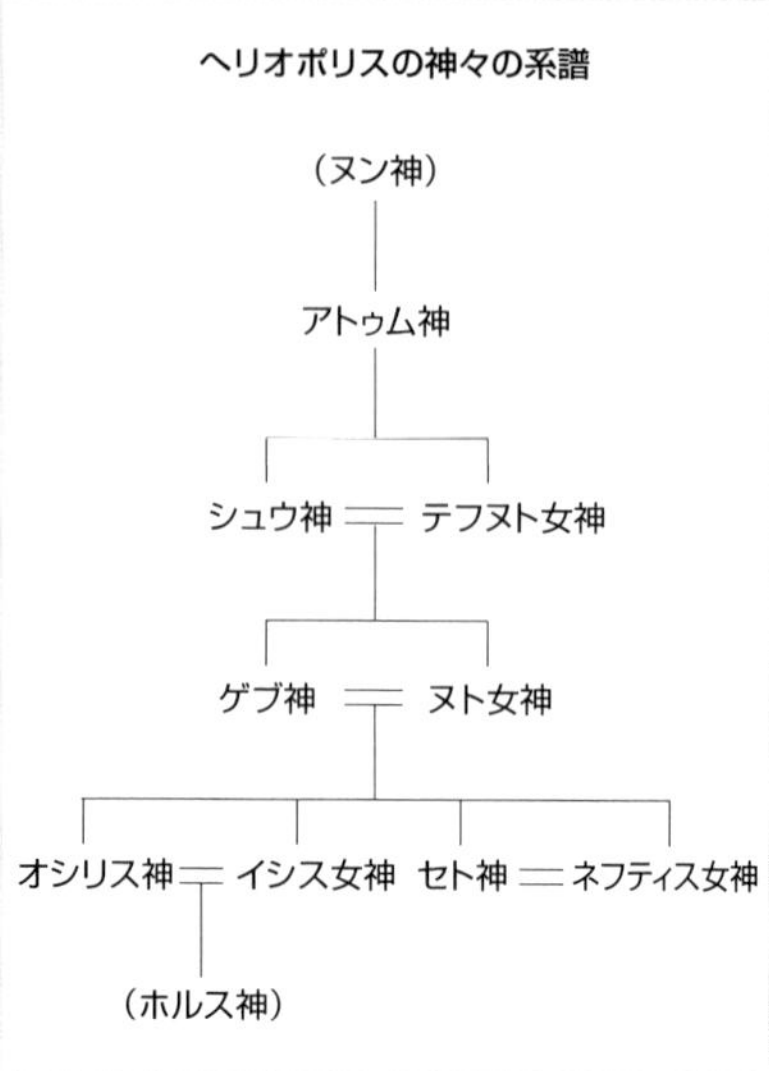

ヘリオポリスの天地創造神話

エジプトの玄関口であるカイロ国際空港に降り立った旅行者が空港敷地内を抜けて市内に向かうとき、まず出迎えてくれるのが一基のオベリスクだ。そこがヘリオポリスで、現在のカイロの北東に位置する。古くから太陽神信仰の中心地であり、この地独自の天地創造神話が生まれた。

ヘリオポリスの九柱神

神話によると、かつて世界は天も地もなく、真っ暗闇で、見渡すかぎり形のない混沌とした海だった。最初の神である創造主アトゥムだけが、立つところも座るところもなく、じっと動くことなく存在した。その原初の海は、古代エジプト語で「ヌン」と呼ばれた。

最初に、神はつばを吐くことで(一説には自慰行為で)大気の神シュウと湿気の女神テフヌトを産み出した。この二神から大地の神ゲブと天の女神ヌトが生まれたが、両者は初め互いに重なって横たわっていた。やがてゲブとヌトは結ばれ、ヌトはゲブの子を身ごもる。それに嫉妬した父親のシュウは、ヌトを頭上に持ち上げて二人を引き離した。こうして、天は上に、大地は下に、その間には大気と湿気が存在するようになった。ヌトが産んだ子供たちは太陽と星々になって、ヌトの身体の上に散らばったという。

アトゥム、シュウ、テフヌト、ゲブ、ヌトという中心的な五神に、ゲブとヌトの子供たちであるオシリス、イシス、セト、ネフティスが加わって「ヘリオポリスの九《きゅう》柱神《ちゅうしん》」を構成した。後者の四神はどちらかというとオシリス神話で馴染《なじ》み深い。

原初の丘

ヘリオポリスの教義では、原初の海から小高い丘が出現した。水の中で漂っていたアトゥム神はようやく休息の場所を得ることになり、ここで神は天地創造の大仕事をおこなった。そして、空から飛来したベヌウ鳥（不死鳥）がこの丘の上に降り立ったという。また『ピラミッド・テキスト』によると、アトゥム神はこの丘そのものであり、その原初の丘がまさにヘリオポリスだった。ヘリオポリスでは、この丘の形をしたベンベン石を崇拝しており、このベンベン石を模倣したのがオベリスクだった。かつてこの地には多くのオベリスクが建てられていたようだが、現在ではたった一基だけがかつての栄華を誇るようにそびえ立っている。

アトゥム神はのちに太陽神ラーと結びついたことで、真っ暗闇のヌンに光をもたらすと信じられるようになり、太陽神ラー＝アトゥムとして崇拝された。

メンフィスの天地創造神話

上エジプトと下エジプトが統一された当初から、渓谷地帯とデルタ地帯の要衝の地として重要視されたメンフィスは、古王国時代には王都として君臨し、近隣にギザ台地などのピラミッド群を抱える宗教の一大中心地だった。

主神プタハ

この地では、メンフィスの主神プタハを中心とした独自の天地創造神話を編み出した。ヘリオポリスの神話で創造神アトゥムが生まれたといわれる原初の海ヌンは、メンフィスの創造神話ではプタハ神と同一視された。プタハは娘のナウテト女神との間にアトゥム神をもうける。そして、シュウとテフヌトを皮切りに九柱神が次々に誕生する。

メンフィスは、神話の中で主神プタハをアトゥム神の父親に据えることで、メンフィスがヘリオポリスよりも一段上の存在であることを主張したのである。

メンフィスの神話では、オシリスの弟セトとオシリスの息子のホルスが、エジプトの支配権をめぐって相争った事件についても語られている。そこでは、九柱神の仲裁によって全エジプトがホルスに与えられている。

▲**ヌン神**　パシェドゥの墓。ルクソール西岸、デイル・エル＝メディーナ

▲**オベリスク表面の碑文**　カルナック神殿。ルクソール東岸

▼**オベリスク**　ルクソール神殿。ルクソール東岸

▼**太陽の光を浴びるオベリスク**　ルクソール神殿

ヘルモポリスの天地創造神話

古代エジプトでは多くの神々が崇拝されており、各地の宗教的中心地の神殿ではそれぞれに異なった主神を祀《まつ》っていた。当然のことながら、それぞれの神が独自の神話を持ち、それに基づく祭礼が各所で盛んにとりおこなわれていた。

だから、全土をあげて信奉される神々も、王家の出身地や王都の位置によって栄枯盛衰を繰り返し、時代によって国家神として強力に押し上げられる神々もいれば、地方で根強く信仰され続ける神々もいた。もちろん太陽神ラーやオシリス神、ハトホル女神やヌト女神のように全時代を通じて人気を誇る神々もいた。

中部エジプトに位置するヘルモポリスでも土地の神官たちが知恵をしぼり、天地創造のありさまを独自な形で描いている。

中部エジプトの創造神

ヘルモポリスでも、最初この世は混沌そのものだった。この混沌の海に存在していた最初の神々は、この捉えどころのない計り知れない状態を特徴づけるそれぞれ男女一対の八柱の神々だった。彼らの名前は、各々に「深淵」「無限」「暗闇」「不可視性」を意味するエジプト語とその女性形が元になっている。

混沌とした世界を想像すると彼らの名前の由来が理解できるだろう。深海に身を沈めている自分をイメージしてみればよい。光も届かぬ闇の中は見通しもきかず、動こうにも、上も下も右も左もわからなくなるような手探りの世界だ。すべてのものが何かの力で後ろから引っ張られているようにゆっくりと動く。音もなく、凍りつくような静けさを破るのは、最初に存在することになる者たちの誕生の気配だけだったろう。この不可思議な名前を持つ八柱の神々は、ヘルモポリスの古代名「八の町」を意味する「ケメヌ」の由来にもなっている。

神話の後半が残っていないため、どのような神々の物語だったかは残念ながら不明だ。しかし、「深淵」を具現化した男神ヌンは他の神話でも混沌の海の名前だったし、「不可視性」をあらわす男神アメンは新王国時代には国家神にまで昇りつめ、長く崇拝されることになる。

▲プタハ神　緑色の肌を持つプタハ神に死者が真理と正義の女神マアトを捧げている。この壁画に関連する『死者の書』呪文82は「プタハになる呪文」ということばで始まる。呪文ではハトホル女神の聖樹の下でパンとビールを口にし、生き続けることを保障している。イリネフェル の墓。ルクソール西岸、デイル・エル=メディーナ

ヘルモポリスの神々の系譜

ネネト女神	＝ ヌン神	（深淵）
ケケト女神	＝ ケク神	（暗闇）
ヘヘト女神	＝ ヘフ神	（無限）
アメネト女神	＝ アメン神	（不可視性）

クヌム神の神話

『旧約聖書』には、神が土から人間をつくったという人類誕生の物語が残っている。アダムと名付けられた最初の男のあばら骨からは、最初の女イヴが生まれるが、古代エジプトでもさまざまな人類創造物語が存在する。そのひとつがクヌム神の神話だ。

羊頭の創造神

クヌムは羊の頭を持つ男神で、南端のエレファンティネで崇拝された神だった。

クヌムは、土器を成形する轆轤《ろくろ》の上で土をこね、神々を形づくった。さらに、最初の男と女をつくったが、新しく生まれてくる子供たちもみな、同じように土からつくられると信じられていた。また、クヌムには、王とそのカーを形づくるという重要な役割も与えられていた。羊は生殖力あふれる聖獣として崇められていたから、人間を産み出すのに一役買ったとしても不思議はない。

エスナのクヌム神に捧げられた神殿には、轆轤を前に作業するクヌムの姿が刻まれているが、形づくられた人間(ここでは王自身だが)は指を口元にあてた子供の姿をしている。

▲**エスナのクヌム神殿(全景)**　プトレマイオス朝〜ローマ時代

▲**クヌム神**　エスナ・クヌム神殿

▼**ろくろを回すクヌム神**　エスナ・クヌム神殿

④ 呪文100 死者がラーの聖船に乗船するための呪文

完全なるアクとなって

この呪文は、「アク（聖霊）を完全なるものにし、ラーの追随者たちとともにラーの聖船に乗船させるための書」という言葉で始まる。アクとは、死んだものがあの世で変容を重ね、来世で復活して至福を得るという、死者が最終的に到達する最高の状態を意味する。このとき初めて、死者は来世で神々と肩を並べ、幸せな生活を永遠に楽しむことを約束されるのだ。

王以外のものが神になることは許されていないが、この呪文により、死者は完全なるアクとなって神の追随者の仲間入りを果たし、晴れて天空を巡る太陽神ラーの聖船の乗組員になれるのだった。そのおかげで、死者は永遠に続く復活・再生の旅につき従うことができるのである。

▲ネブケドの『死者の書』呪文100　ルーヴル美術館蔵

ラーの聖船の神々

第十八王朝時代のヌの『死者の書』では、呪文100のタイトルのあとには、「私はベヌウ鳥を東へ、オシリスをアビドスへ船で運ぶ」という言葉が続く。このラーの聖船にはイシス、トト、ケプリ、シュウとともに死者が乗り込んでいて、時にはネフティスやマアト、アトゥムなども同乗していた。しかしそこには、呪文の内容に反して、オシリスの姿もラーの姿もない。古代エジプトの宗教では、太陽神はケプリ、ラー、アトゥムという異なる三つの姿を持っていた。つまり、朝に東の空に神々しく昇る太陽をケプリ神、日中に天空で照り輝く太陽をラー神、夕暮れ時に西の空に赤く沈む太陽をアトゥム神と考えた。初期の頃のパピルスでは、太陽神のこの三側面の

◀墓に描かれた呪文100（挿絵）
パピルスや棺だけではなく、このように墓の内部に『死者の書』の挿絵や呪文が描かれることもあった。インヘルカウの墓

うち、朝の太陽であるケプリが取りあげられているのだ。

一方、トリノのパピルスでは、聖船の中央に太陽神ラーが座して、後ろにはベヌウ鳥を従えている。船を操るのは死者自身で、目指す先には「東」をあらわす象徴イアブトとオシリス神が立つ。オシリス神の背後には「安定」を意味するジェド柱が立つ。この挿絵は、明らかに先に紹介した一文を目に見える形で表現しているようだ。アビドスはオシリスの遺体が埋葬された場所と信じられたために、オシリス信仰の一大中心地だった。この呪文の挿絵では、「東」の象徴とオシリスを並立させることで、本来、西方をイメージさせるアビドスを、太陽が復活して再び昇る「東」と重ね合わせようとしたのだろう。

そう考えてみると呪文100からは、毎日沈んでは再び昇る太陽の運行に死者の国のイメージを重ね、再生と復活を念じる古代の人々の心が伝わってくる。さらに、オシリス神の支配する死者の国に迎えられたいという死者の切なる願いが感じられるようだ。

呪文102も「ラーの聖船に乗船するための呪文」という類似した言葉で始まり、しばしば呪文100に続いて登場する。この呪文の中で死者は、水先案内人の役目を果たすから聖船に同乗させてくれるようにと、偉大なる神ラーに懇願している。

ちょっとだけヒエログリフ

プトレマイオス朝の石棺　中央で太陽を支える二女神は、頭上に東（左）と西（右）の象徴を載いている。　メトロポリタン美術館蔵

		読み	意味
	*iꜣbtt*	イアブテト	「東」
	*imntt*	アメンテト	「西」

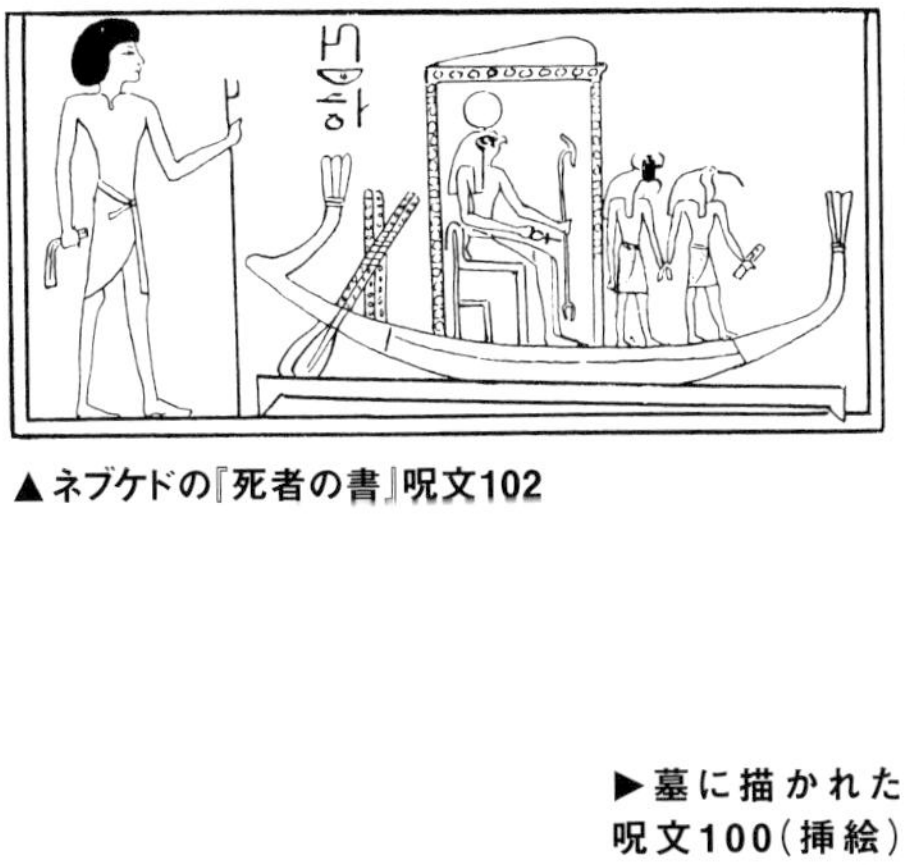

▲ネブケドの『死者の書』呪文102

▶墓に描かれた呪文100（挿絵）
センネジェムの墓

⑤ 呪文136B……炎の輪を通るためにラーの大船で航行するための呪文

天の大河を渡る

天空を行く太陽神ラーの聖船の最後に登場するのはウイア船だ。舳先《へさき》と艫《とも》が垂直に上がり、ほっそりとしたその船は一見華奢《きゃしゃ》に見えるが、古代エジプト語で「ウイア」と呼ばれた大船だった。中央には、ウラエウス蛇がからみつく大きな日輪をいただくハヤブサの頭部だけが乗り込んでいる。

ネブセニィの『死者の書』では、このウイア大船は星々がきらめく天の大河を渡って行く。ナクトのパピルスでは、死者自身が船の櫂《かい》をとって水先案内人を買って出ている。そして、その船を五柱の神々が二本のロープで引っ張っている。後ろには、太陽神を中央に女神とケプリ神とトト神を乗せた同じ形の船が続く（呪文136Aの挿絵）。

呪文では、太陽神のために道が切り開かれ、日輪として天に高々と持ち上げら

▲太陽の船　ギザ・船の博物館

▼ナクトの『死者の書』呪文136A・B　大英博物館蔵

れ、光り輝く様子が謳《うた》われている。「敵を押さえ込む強きもの」、そして「イアルの野を巡るもの」というのがラー神を称える言葉だった。この呪文で、死者は太陽とともに最終的に復活を果たし、永遠に死と再生のサイクルの中に取り込まれていくのかもしれない。一方で、死者が永遠の住処《すみか》としてたどり着くところは、天上にある神々の領域だったが、そこは力強い太陽の光線にはおよそ似つかわしくない世界だった（呪文149）。

ちょっとだけヒエログリフ

太陽神が大河を渡るとき、昼にはマンジェト船で天空の大河を西に向かって、夜にはメスケテト船で冥界の大河を東に向かって航行した。

		読み	意味
	*mʿnḏt*	マンジェト	「昼の船」
	*(m)sktt*	メスケテト	「夜の船」

ウイア船に乗る太陽神　太陽神は頭上にコブラがまきつく日輪を戴き、手には生命の象徴アンクを持つ。碑文では、この太陽神に「ラー・ホルアクティ＝アトゥム、ヘリポリオスの二国の主、ウイア船に乗るケプリ」と呼びかけている。礼拝の姿勢をとる2匹のヒヒの前には、「汝は昇る太陽神を礼拝する」（右）と「汝は沈む太陽神を鎮める」（左）という言葉が書かれている。 センネジェムの墓

▲ネブセニィの『死者の書』呪文149　呪文149は神々の国を14の領域に分けて紹介している（図版では左から右へ）。それぞれの領域の呪文（図版では省略）は、○○番目の「丘」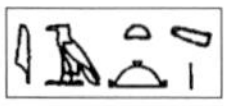（イアト）という言葉で始まる。呪文150は神々の国の領域をコンパクトに説明している

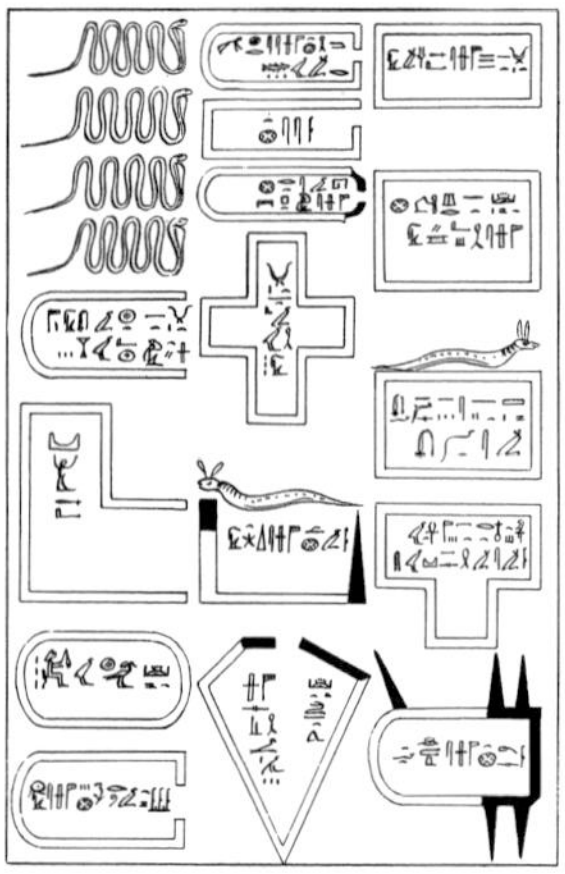

▶ネブセニィの『死者の書』呪文150　大英博物館蔵

▼さとうきび畑　古代エジプト人が思い描いた天の神々の領域に育つ大麦や小麦はこのようなイメージだったのだろうか。ルクソール西岸

⑥ 呪文149　神々の国の十四の領域

天上世界の空間

天空の世界を太陽とともに巡り、天の神々の国に到達することを目的にした連続する呪文100・102・136Bの最後を飾るのは、呪文149と150だった。

呪文149に描かれているのは、最終的にたどり着く天上の世界だった。そこは十四に区分されていて、それぞれ独特な形をしていた。思い思いに囲まれた空間は何度眺めても、そこにどんな深い意味がこめられていたかは、三千年以上もの時を隔て、まったく異なる来世観を持ったわれわれには理解しがたい。

たとえば、二番目はラー・ホルアクティがいる場所では太陽が昇る地平線の形を、三番目はアク（聖霊）の領域で、U字形をしている。また、九番目の領域には倒れた壺のようなものをのぞき見ているワニの姿が描かれ、「捕らえようとするものをじっと見つめるもの」という添え書きがあった。

何もかもが巨大なイアルの野

しかし、二番目の領域に添えられた呪文には、楽園であるイアルの野を紹介した部分があり、古代の人々が来世をどのようにとらえていたかを垣間見ることができる。それによると大麦は五キュビットの大きさに伸び、その穂先は二キュビットある。キュビットは長さの単位で、一キュビットは約五十二センチだから、人間の背丈の一・五倍もある大麦だ。エンマ小麦は七キュビットまで伸び、そこに住むアクは皆九キュビットの背丈だ。

このように現実離れした数値を与えることで、イアルの野がいかに広く、生者の

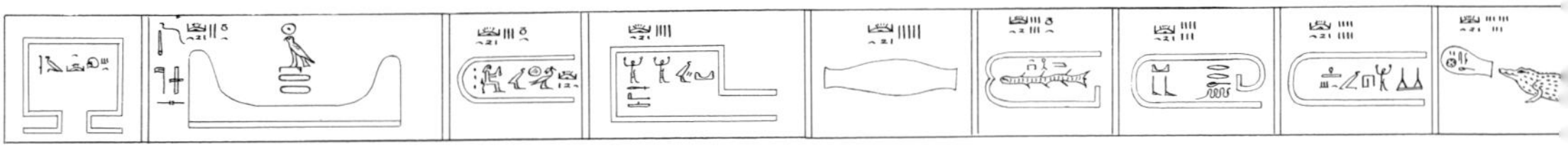

▼**天の神々の領域**　礼拝する死者の頭上には呪文149の13番目と14番目の領域の挿絵が、背後には呪文150が書かれている。カイロ・エジプト博物館蔵

国、つまり現世といかに異なった場所かということを示そうとしたのだろう。イアルの野は呪文110でも紹介されていて、そこに存在する池も島も巨大だ。ただ、こちらの挿絵に描かれた楽園の風景はのどかで美しく、実り豊かな、理想的な生活を期待させるものだった。

五番目の領域は、人が通り過ぎることのできないアクの小山だった。だから、この領域を通り抜けができるようにという願いを込めて、呪文では、美しい西方への旅で道が開かれているようにと祈願の言葉が綴られていた。

これに続く呪文150は、神々の国を短い言葉で簡潔に説明したものだ。

期待される来世とは

呪文149はまだ見ぬ死後の世界を案内してくれているようだが、ここに描かれた神々の国は、死者にとってあまり好ましいものではなかったらしい。われわれの目から見ても、ただ囲われただけの殺伐《さつばつ》とした光景ばかりだ。だからのちの時代には、死者は実り豊かなイアルの野や、ハトホル女神のそば近くを、安住の地の理想的な姿として切望するようになる。

第四章　自由なバー

①呪文64　日の下に現れ出るための呪文

鳥の姿で描かれたバー

これまでに繰り返し述べてきたように、死者の魂バーは肉体を離れ、墓の中を自由に飛び回ることができた。死者の活動的な部分をあらわすために、エジプト人は「故人の顔と、自由に飛ぶことができる鳥の姿」という最も理解しやすい形を使っている。呪文64の文頭の一節は、ヒエログリフの「ペレト・エム・ヘルウ」で、「日の下に現れ出ること」と訳される。呪文1の「日の下に現れ出る呪文の始まり」にもこの一文が書かれた。レプシウスがこの呪文を1としたのはそのためだったかもしれない。

バーが墓地の外へ出ていくためのこの呪文には、死者が足に力を与えてもらい、鳥の姿になって、燦々《さんさん》と太陽が輝く昼間、つまり太陽神の恩恵の下へ出ることができるようにと書かれている。死者が来世と現世との間を行き来するわけだ。死者は、地上に残してきた懐かしい顔を見るかもしれない。困っている親戚縁者の力になれるかもしれなかった。古代エジプトでは、来世に行って呪力を持った死者が地上の悩み事を聞いて助けてくれるという考えが古くからあった。死者へ供え物をするときに、パピルスや食べ物の容器にそっと請願を書いて置いてきた。それは「死者への書簡」として残っている。

自由に墓地を出入りする

68から70の呪文はひと続きのもので、バーが墓の扉を開いて出て行くためのものだ。バーは、この呪文で自分の四肢に力を持ち、ナイルの水や風などを支配することさえできた。

呪文65・66・67・71・72もまた「ペレト・エム・ヘルウ」の言葉で始まっている。日中バーが出て行く先は、地上にかぎらず、天界の神々のもとでもあった。呪文72は、後章で解説されるように「セケト・ヘテプ（供物の野）」に入るための呪文である。アニのパピルスの呪文58には、最後に赤字で「この呪文を知っていれば西方の墓地を出たり入ったりすることができる」と書いてあり、墓地を出てはるか遠くまで飛んで行く魂バーの姿が見えるようだ。

太陽の陰と死者の影　墓を出入りする死者のバー。人間の影もバーと同じように、その人間を構成する一部分と考えられていた。イリネフェルの墓

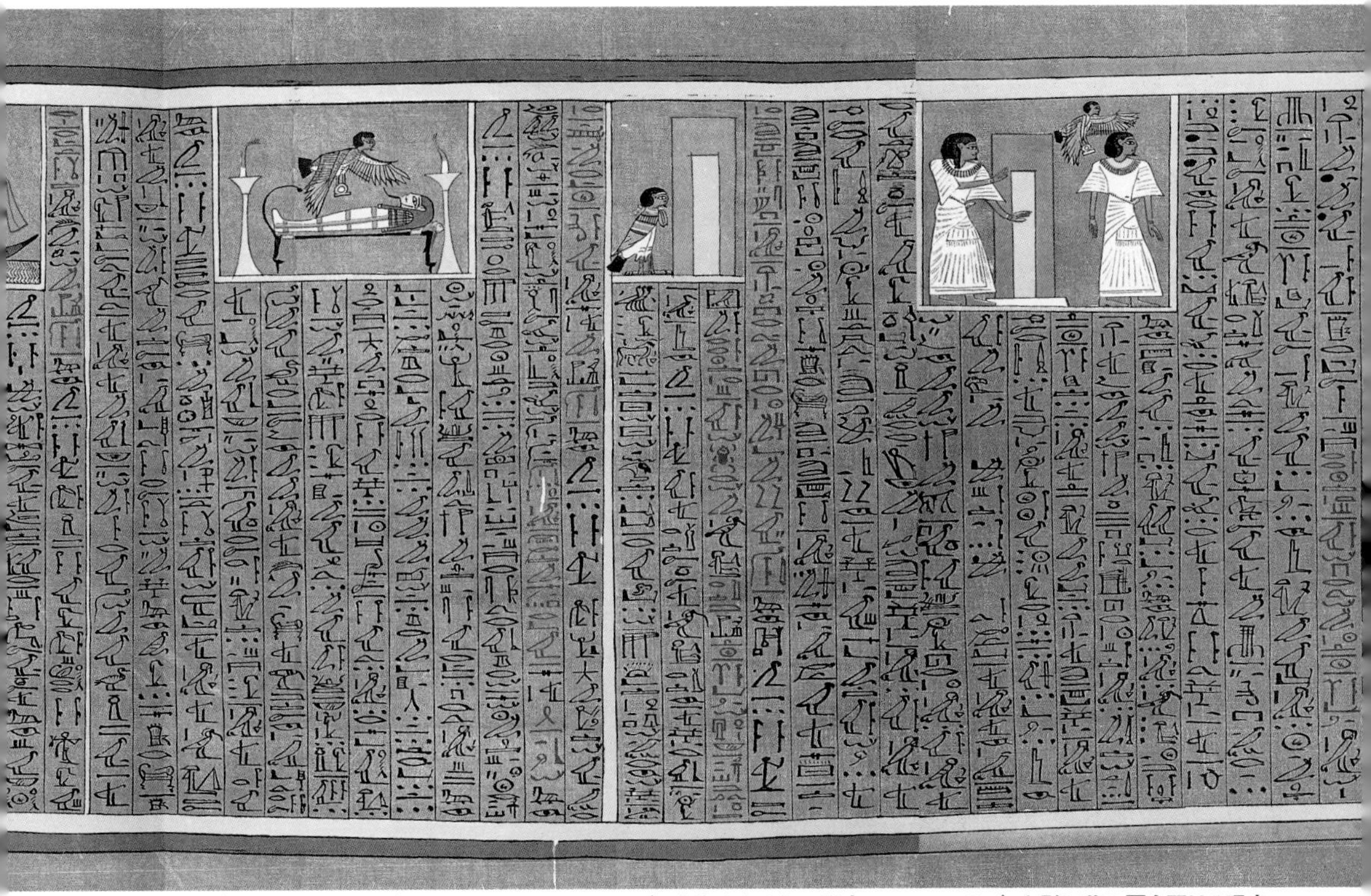

遺体とアニのバーを合体させる呪文
アニの『死者の書』呪文89
大英博物館蔵

アニのバーを拘束させない呪文
アニの『死者の書』呪文91

アニのバーと影に墓の扉を開ける呪文
アニの『死者の書』呪文92

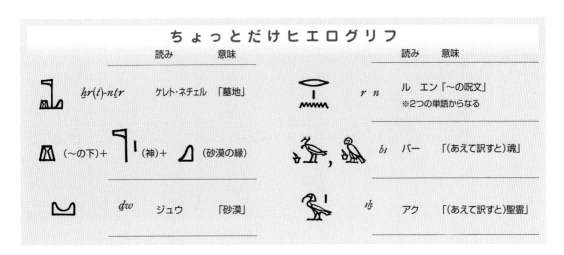

ちょっとだけヒエログリフ

		読み	意味
	ḫr(t)-nṯr	ケレト・ネチェル	「墓地」
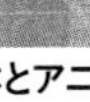（〜の下）＋（神）＋ （砂漠の縁）			
	ḏw	ジュウ	「砂漠」

		読み	意味
	r n	ル エン	「〜の呪文」 ※2つの単語からなる
	*bꜣ*	バー	「(あえて訳すと)魂」
	ꜣḫ	アク	「(あえて訳すと)聖霊」

② 呪文59 「空気」と「水」を得るための呪文

ナイルの水と帆

死者のバーは地上に出て、疲れると木陰で休み、樹に宿った女神から活力を与えてもらった。太陽の光は彼らにとって恵みだったが、同時に喉の渇きや体力を消耗させるものだった。そんなとき、ナイルの冷たい水は喉を潤し、日陰やさわやかな涼風や花の良い香りが人々を癒やしてくれた。

呪文の54・55・56・57・58・59は、人間の生命にとって最も重要な「空気」と「水」を得るためのものだ。「空気」は帆掛け舟の広げた「帆」で示された。帆は「風」のシンボルでもあった。神や死者がこの帆を手にしている挿絵がある。呪文62と63A・Bも「水」について言っている。死者がナイルの水を飲む挿絵が墓の壁にも好んで描かれた。ナイルの民といわれた彼らの、現世での姿でもある。

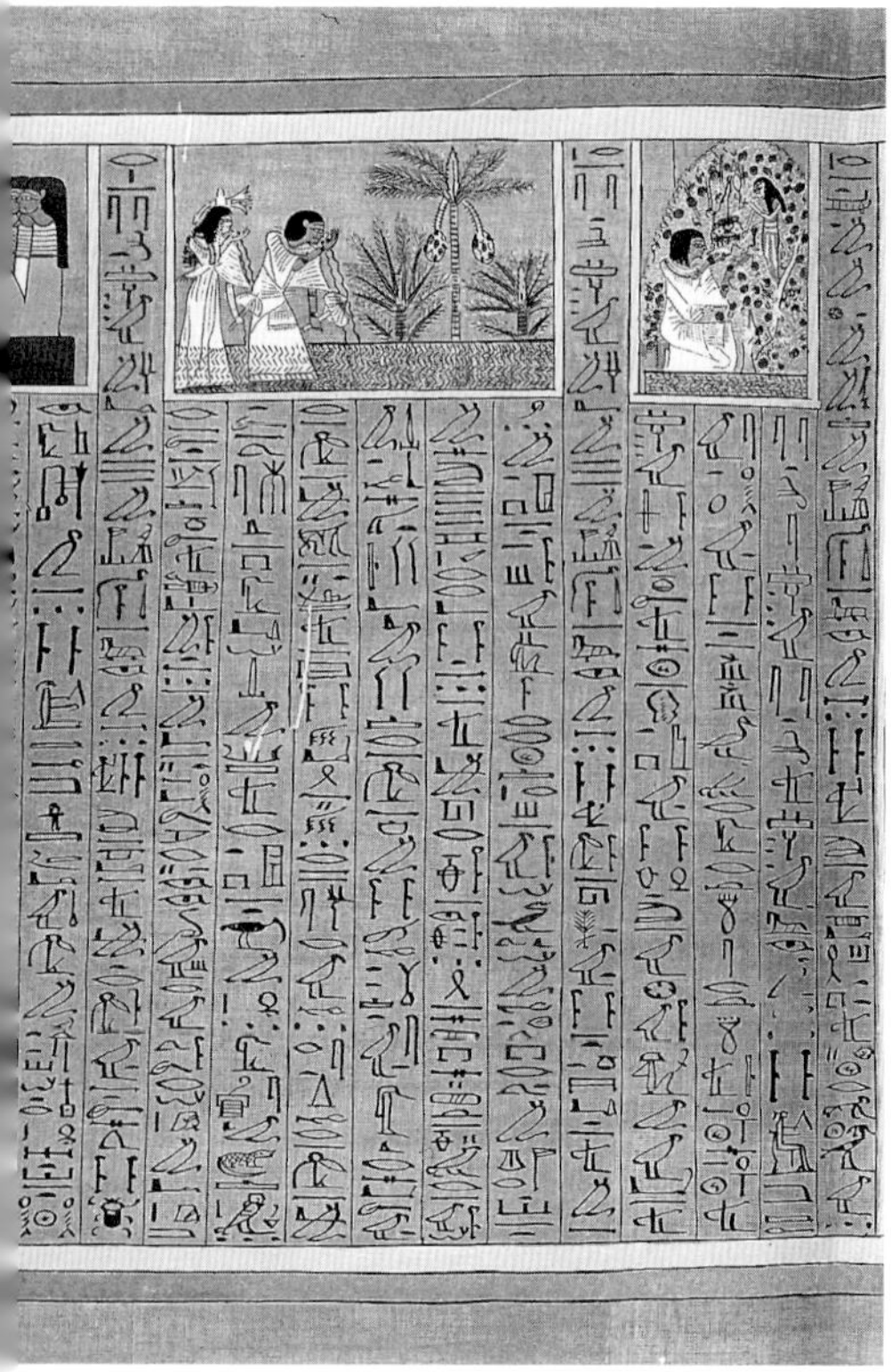

空気と水を得る呪文　(左手)アニの『死者の書』呪文58　アニ夫妻がナイルから水を飲み、手に空気をうける帆をもっている
(右手)アニの『死者の書』呪文59
シカモア・イチジクの木の女神から飲食物を受けとるアニ

ナイルの水を飲む。風を与える翼をもつヌト女神　イリネフェルの墓

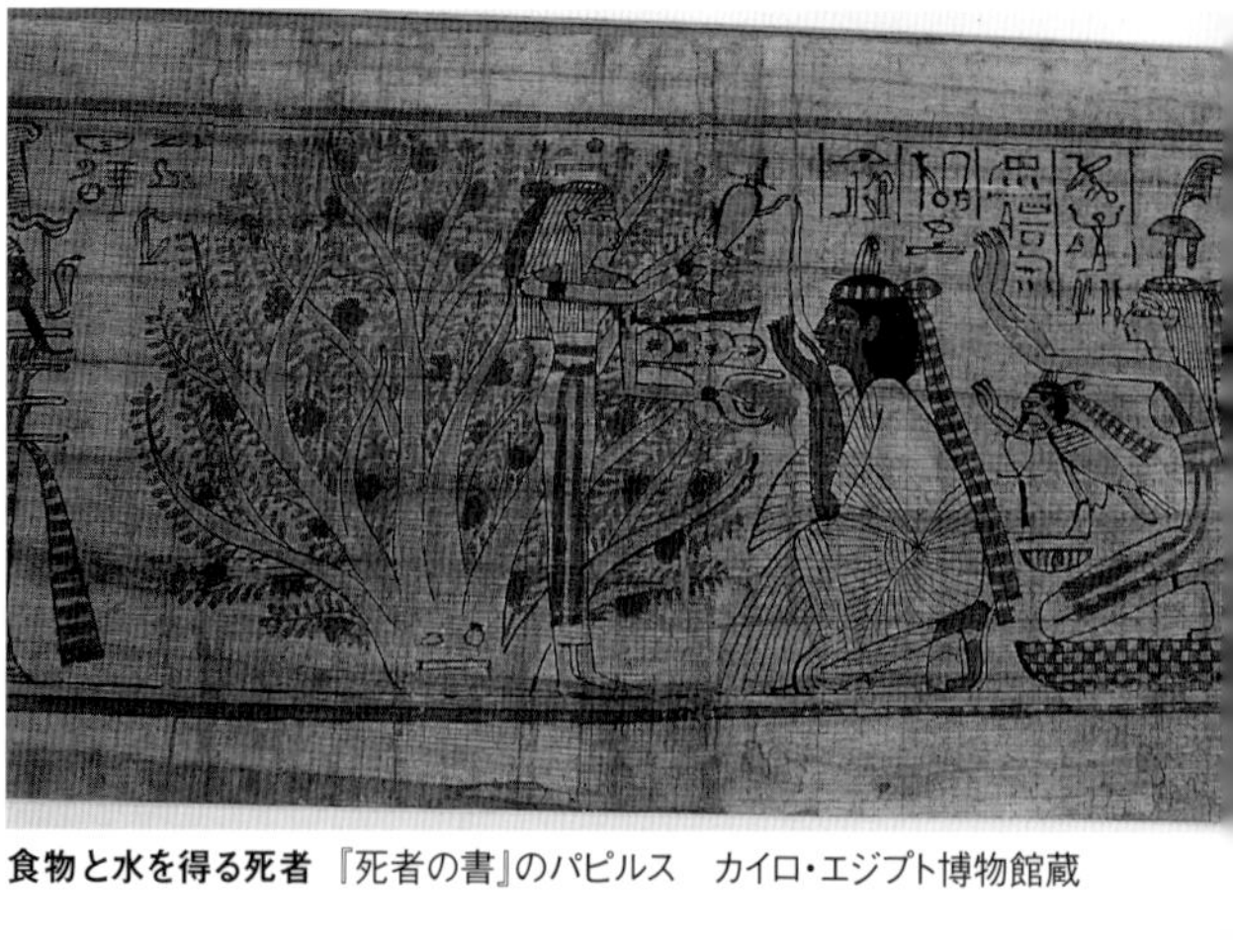

食物と水を得る死者　『死者の書』のパピルス　カイロ・エジプト博物館蔵

水を飲むバー　人型棺足裏。大英博物館蔵

アニに空気を与える呪文
アニの『死者の書』呪文54

同右　パネヘシイの墓。デイル・アブ・エル・ナガ

木の女神から水をもらう死者と死者のバー
彫像の櫃。トリノ・エジプト博物館蔵

❸ 呪文105 死者のカーを満足させるための呪文

冥界の神から供物をもらう

死者が来世で永生するための条件に「それなりの墓が用意されること」「遺体が防腐処理されること」「冥界のオシリス裁判で生前の善行が認められること」があった。「供養」もまた不可欠とされた。

人間は生前と同じように、飲食物があってこそ来世で生き続けることができた。神々さえも同じだった。遺族が墓に供えた物は、直接に墓主の口に入るのではなく、いつも冥界の神オシリスやアヌビスから間接的に分け与えてもらっているのだと考えた。オシリス神の聖地アビドスに奉献された供物もまた、オシリスから死者たちに分配されるよう望まれた。

生命力を維持するカー

死者の「カー」が、供物を受け取る役目をした。人間の誕生と同時に生まれたカ

▲**標章台の上の「カー」のシンボル**　インヘルカウの墓。デイル・エル＝メディーナ

▲**カーへの呪文**　ネブセニィの『死者の書』呪文105

▶**カーのシンボルを頭上にもつホル王の彫像**　カイロ・エジプト博物館蔵

ーは死者の生命力を維持するために考えられたもので、死者の彫像「カー像」が墓に納められた。呪文105の挿絵のような標章台の上の両肘を直角に曲げた腕が「カー」のシンボルだ。カーの両腕の間に供物が山積みされた挿絵は、カーの役割をより明確に表現している。

古王国時代の偽扉や新王国時代の墓碑の銘文に「ヘテプ・ディ・ネスウ（王が捧げる供物）供養文」と呼ばれる王から神へ、神から墓主へという供物の間接授与が示されている。「王が捧げる供物」の一節のあとには、王が供物を捧げる相手となる「神の名前」、「供物のリスト」、最後に供物を受け取る人物「某《なにがし》のカー」と書かれている。それは供物が最終的に行き着く先を示している。カーが受け取った飲食物で、墓主は家族との楽しい宴をすることを思い浮かべただろうか。

本物を供えることができない場合には、「ペレト・ケルウ（言葉による供物）」という便利なものを神官が遺族に代わって唱えてくれた。大きな墓をつくったものは壁に供物やその生産と運搬をする場面を描いたし、貧しい者たちは「カーの家」と呼ばれる供物を納めたミニチュアの倉庫の模型を墓の近くに置いた。

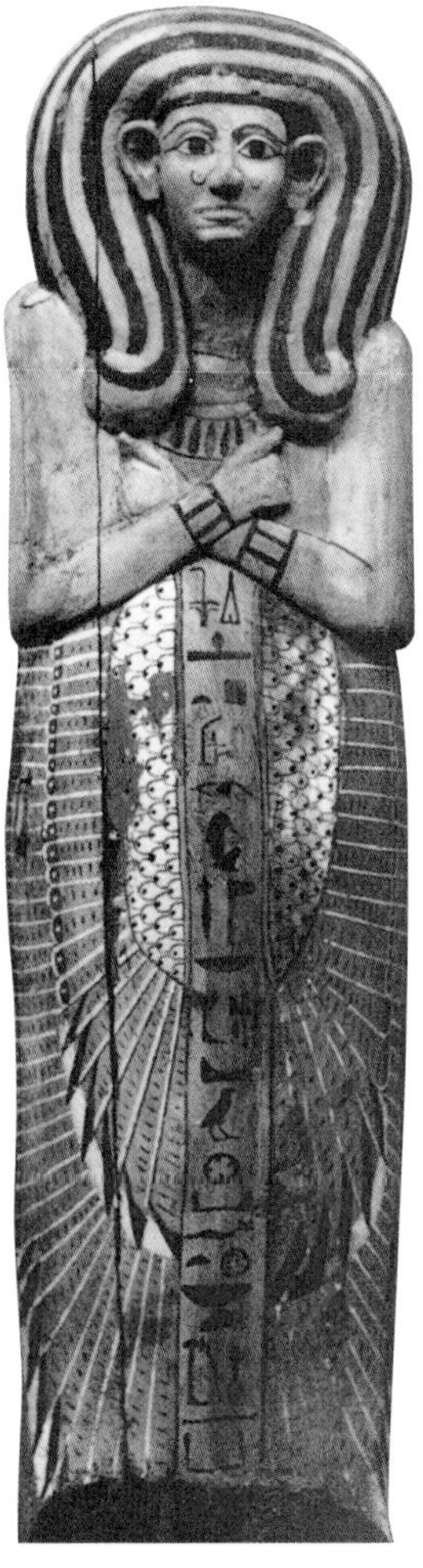

◀供物の供養文をもつ彫像　「死者のカー」のためにという文字を含んでいる。メトロポリタン美術館蔵

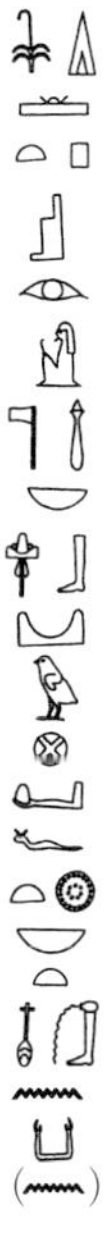

ヘテプ・ディ・ネスウ
定形供養文
（読み）
ヘテプ・デイ・ネスウ　オシリスネチェル　アア　ネブ　アブドゥ
「王がアビドスの主オシリスに捧げる供物」
デイ　エフ　ケト　ネブト　ネフェル　ワアブ　エン　カー（エン　死者の名）　エン
「神があらゆる良い、清きものを（死者）のカーに与えますように」

▲供物を受けとる墓主夫妻　メンナの墓。ルクソール西岸、クルナ村

▲供物を納める家の模型　「魂の家」とよばれる供物卓の一種で、パンやビールの模型や絵が置かれた。メトロポリタン美術館蔵

④ 呪文61 バーが奪われないための呪文

死者を待ち受ける困難

死者の裁判のときに大切な心臓を守りながら、死者は冥界の道を注意深く歩いていった。闇を照らす灯明も受け取っていたが、行く手には数々の困難が待ち受けていた。呪文24で魔法を授けてもらい、名前も忘れられないように呪文25が用意された。名前を失うことは、古代エジプトでは存在そのものを失うことだった。

しかし、目の前に新しい危険が現れれば、また別の呪文で対処していかなければならなかった。死者が冥界で出会う敵は、現実の生活でも彼らを悩ませる蛇やワニや害虫だ(呪文32・36)。実際に遺体が虫に喰われる被害も考えられた。蛇はオシリス神や太陽神の敵にもなった(59頁参照)。オシリスの脊椎の上の蛇を死者がやっつけている挿絵や、ヘリオポリスの太陽神の聖猫が蛇を退治している挿絵も残っている(呪文33・34・37)。

死者を救う呪文

行く手を阻む敵も心配だったが、死者にとって、ヘラクレオポリスで執行される「首切り」や死者の裁判で「第二の死」が宣告されることが最も恐ろしかった。呪文41〜44、呪文50は、それらを避けるための呪文である。呪文42では、身体の各部分が神々と同一視されている(48頁参照)。

▲バーがとり去られないための呪文　アニの『死者の書』呪文61

◀アメン神殿文書庫の監督官スウティメスの『死者の書』呪文61

虫を追い払う　『死者の書』呪文36

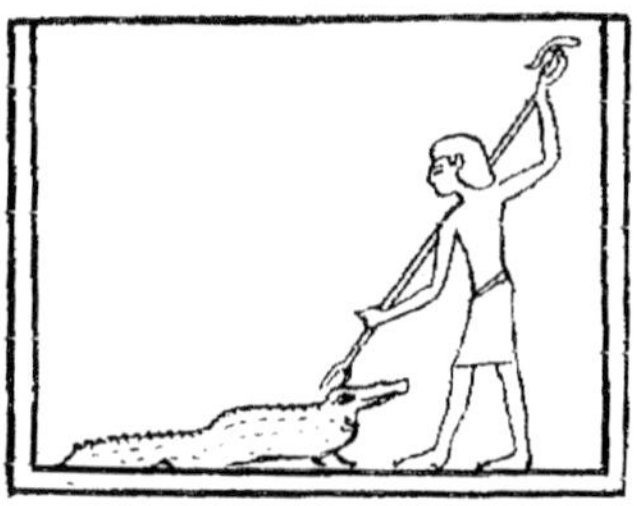

ワニを追い払う　『死者の書』呪文32

この呪文はミイラづくりの過程で包帯を巻いていくときにも唱えられた。遺体を腐敗から保護して朽ちさせないための呪文45や、バーを奪われない呪文61も重要だった。

ほかにも捕獲網にかからないための呪文153や、死者が糞尿を飲食しないための呪文52・53や死者の国で逆立ちして歩いたりしないための呪文51などがある。さまざまな素材の護符も死者を守った。呪文155から166・167に護符の呪文がある。護符の実物は墓からたくさん出土している。

▶**パピルスの護符**
古代オリエント博物館蔵

◀**ミイラを守る数々の護符**
古代オリエント博物館蔵

▲**アヌビス神とイシス女神**

◀**ティト（イシスの腰ひもの結び目）**

▼**ホルスの眼（ウジャトの眼）**

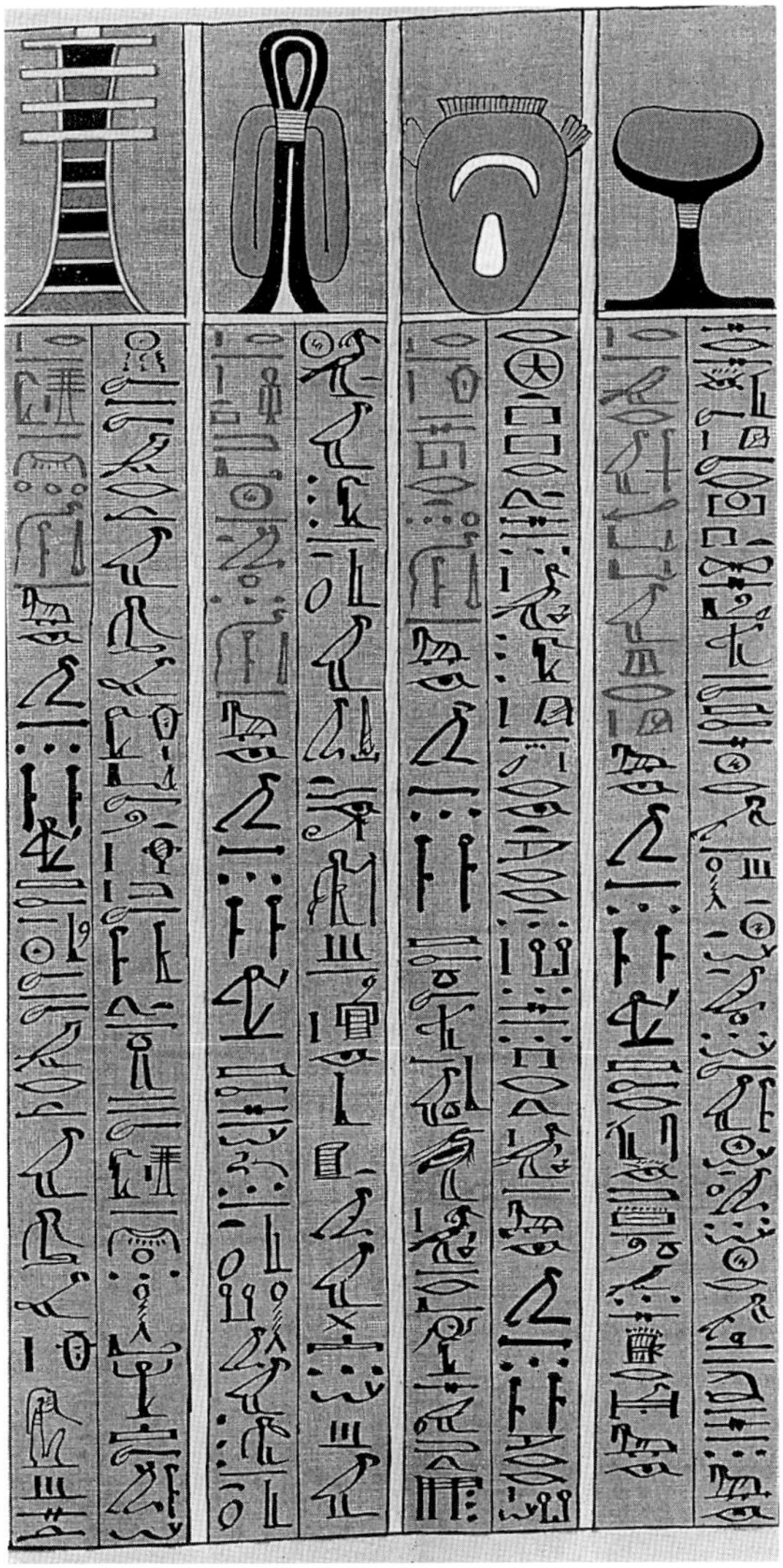

枕の護符の呪文（頭が切り離されないように）アニの『死者の書』呪文166

貴石の心臓の護符の呪文（心臓がとり去られないように）呪文29B

碧玉のティト（イシスの腰ひもの結び目）の護符の呪文（イシスの守護）呪文156

黄金のジェド柱の護符の呪文（オシリスの守護、安定・永遠のシンボル）呪文155

⑤ 呪文108 西方のバーたちを知る呪文

神たちのバー

死者は、来世で死後の永生を保証してもらうために多くの神々と出会った。『死者の書』には、エジプト国内の重要な信仰の中心地に住んでいる「神たちのバーたちを知る」という一連の呪文108、109、112～116がある。呪文の内容は、ホルス、ラー、トトなどにまつわる出来事や神々の名前を知っていると死者に語らせるためのものだ。

彼らをあらわす文字は、人間のバーと同じコウノトリ（クラハシコウ）のヒエログリフだ。バーたちは三羽連なって描かれている（バーウ、バーの複数形）ために、この文字は神々が持つ力を示すのではないかと考える研究者もいる。挿絵には死者とともに座った三神が描かれている。彼らはその地方に住む聖霊たちの代表者なのだろうか。

◀ペ（ブト）のバーのホルスとイムセティとハピを知る呪文112挿絵

◀ネケン（ヒエラコンポリス）のバーのホルス、ドゥアムトエフ、ケベフセヌエフを知る呪文113挿絵

◀西方のバーのアトゥム、バクウの主ソベク、夕べの貴婦人ハトホルを知る呪文108挿絵

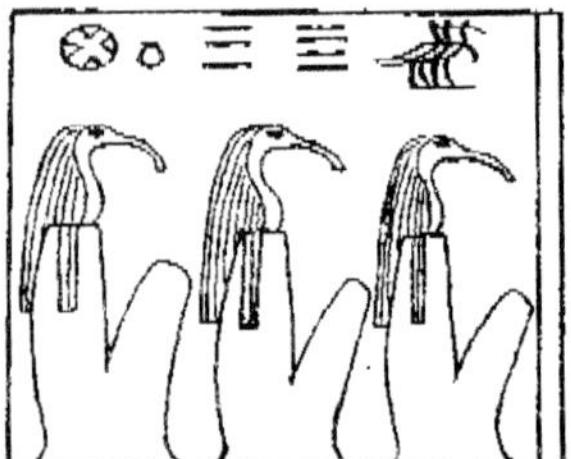

◀トト神の信仰の中心地ヘルモポリスのバーたちを知る呪文114挿絵

▲**ヘルモポリスの神々を礼拝する死者**　センネジェムの墓。トト、アトゥムを礼拝するセンネジェム

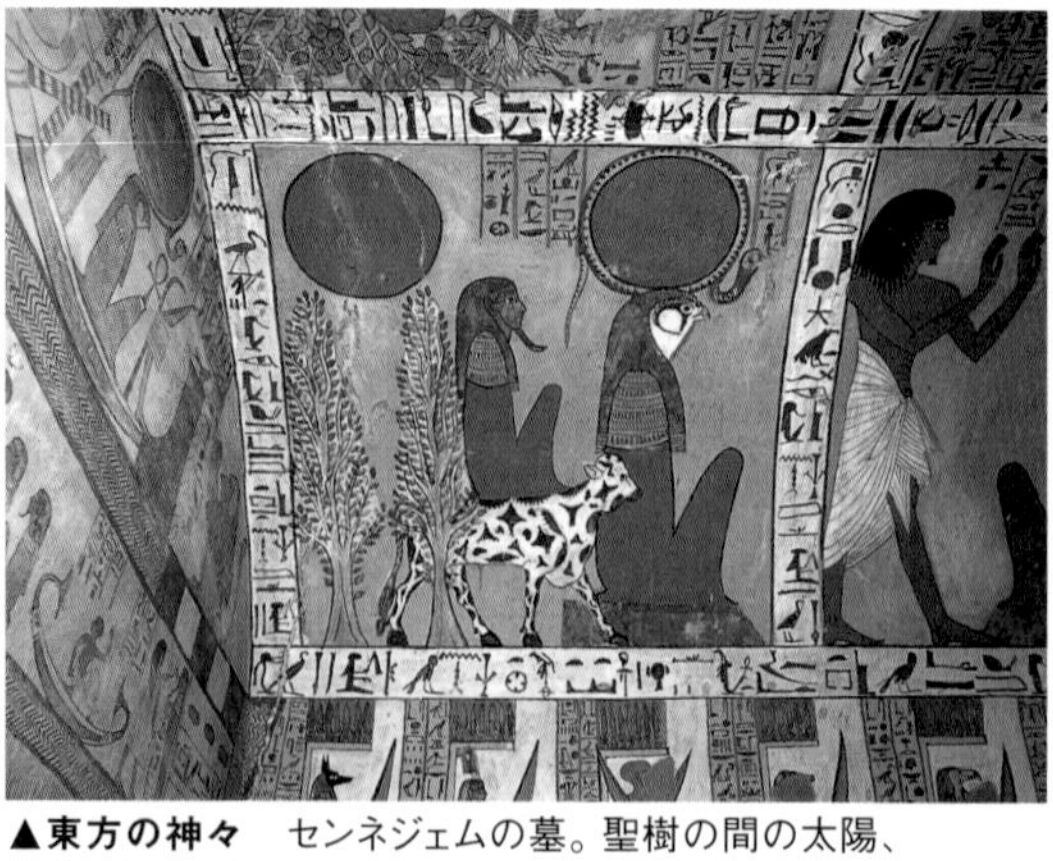

▲**東方の神々**　センネジェムの墓。聖樹の間の太陽、牝牛に乗るアトゥム＝ラー・ホルアクティ

❻ 呪文83 不死鳥に変身する呪文

望んだものに変身

死者はバーの姿になって好きなところへ飛んで行くことができたが、姿も変えることができた。『死者の書』には「変身呪文」と呼ばれる一連の興味深い呪文がある。呪文76は、彼が望んだあらゆる形で現れることができると言っている。呪文85で永遠に滅びることのない魂になったり、呪文89で自分自身の遺体や影と結合することもできた。

古代エジプト人は人間以外のものにも変身できると考えていたので、想像力はどんどん膨らんだのだろう。ちょっと楽しい気もする。エジプトにいた鳥たちに変身する呪文の中で代表的なものが、再生・復活のシンボルになった冠毛のあるアオサギ、ベヌウ鳥だ。ベンベン石の上にベヌウが降り立つ姿がナイルの氾濫を意味する文字として使われた。キセキレイがベヌウと呼ばれた時代もあった。ロータスに変身する呪文81も同じ再生・復活の意味を持っていた。ともに太陽神の聖鳥と聖花だ。

そのほか太陽神の船を水先案内するツバメ、不老長寿と考えられた蛇、強さの象徴でもあるウラエウス・コブラ、ワニの神ソベク、メンフィス地方の創造神プタハ神への変身も願われた。

ハヤブサ神ホルスへの変身呪文77・78は、神殿の儀式のときにも使われたようだ。死者は、臨機応変に変身して来世で生き続けたのである。

▲ホルスを礼拝する死者　インヘルカウの墓

▼プタハ神　イリネフェルの墓

▼パピルス『死者の書』の変身呪文　大英博物館蔵

呪文78ハヤブサ神に変身

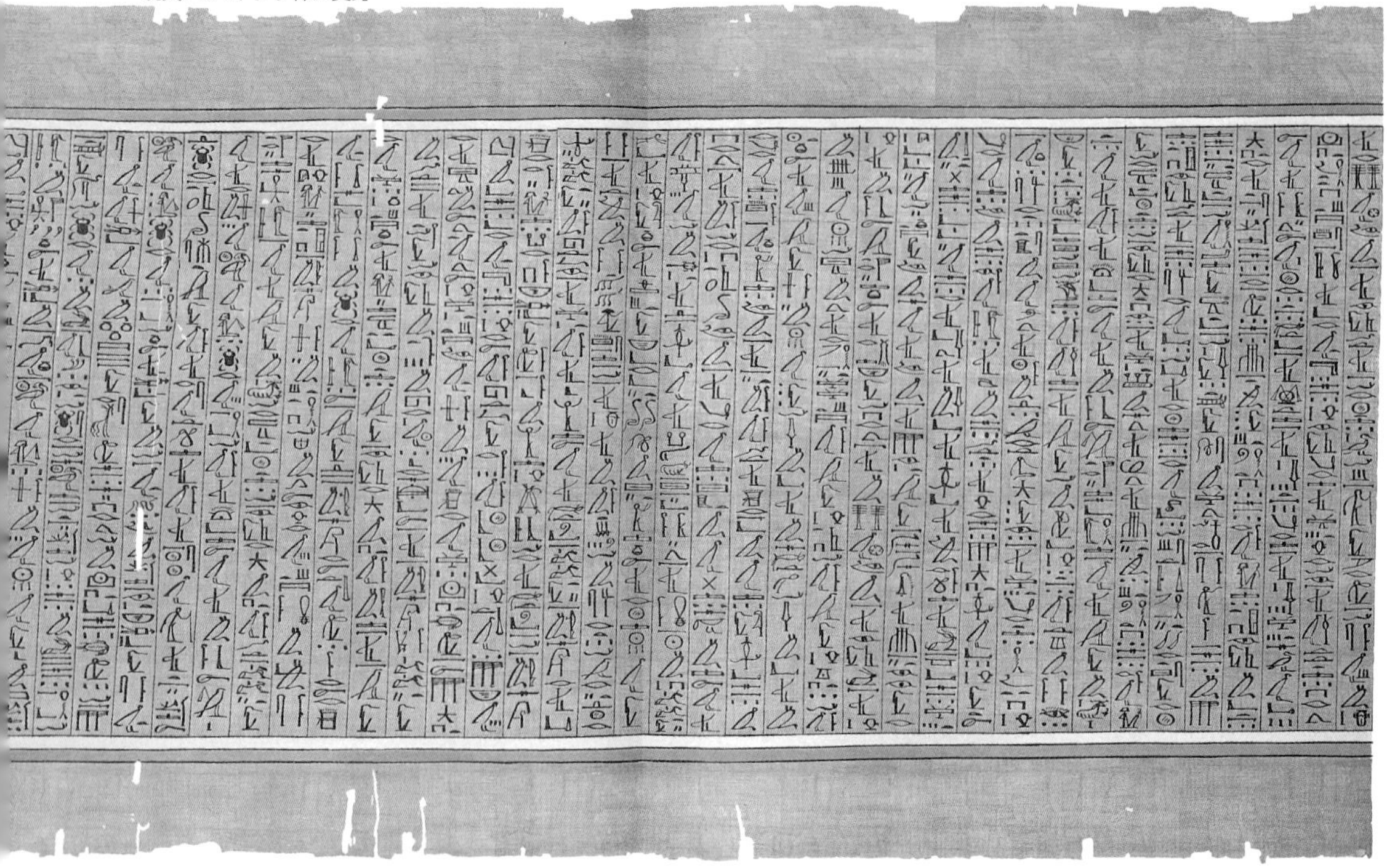

呪文84青サギに変身　呪文81Aロータスの花に変身　呪文80光を与える神に変身

呪文86ツバメに変身　呪文77黄金のハヤブサに変身

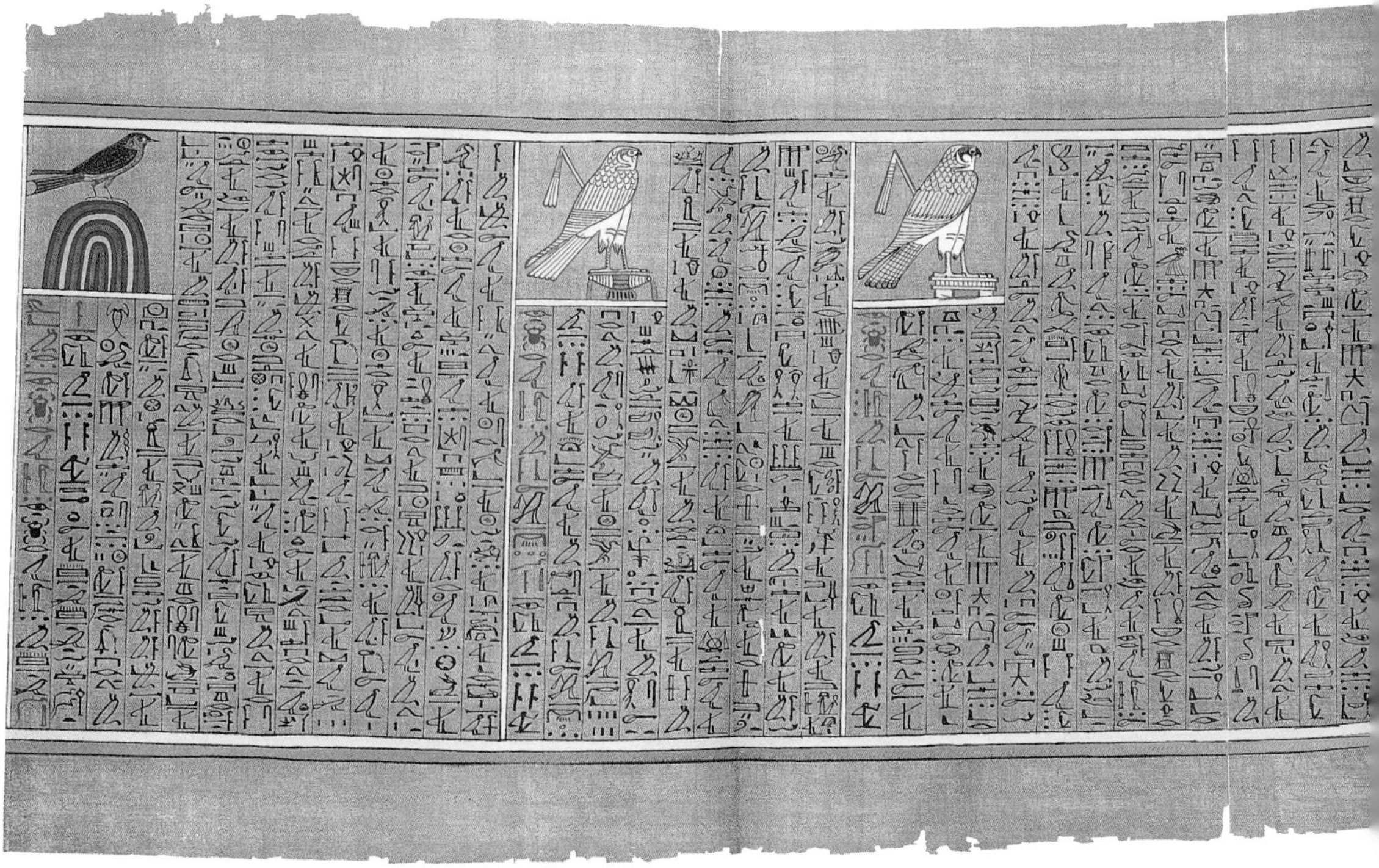

呪文87長寿のヘビに変身　呪文88ワニのソベク神に変身　呪文82プタハ神に変身　呪文85アトゥム神のバーに変身　呪文83ベヌウ鳥に変身

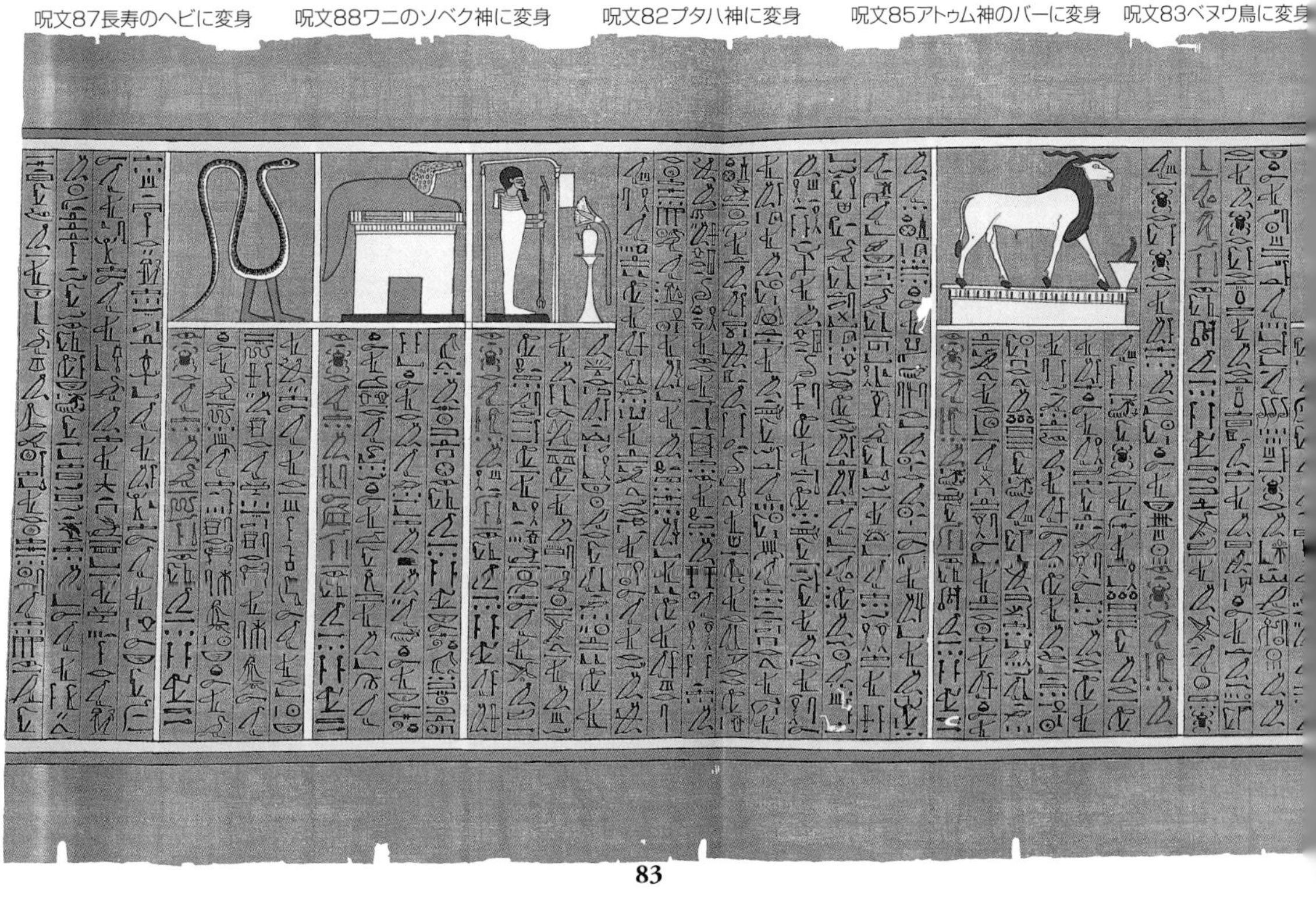

コラム パピルスとロータス

ナイルの流れの形に似た植物

古代エジプトの美術のなかにたびたび現れるパピルス（カヤツリグサ、葦《あし》）とロータス（エジプト睡蓮《すいれん》）は、当時はナイル河沿いにたくさん自生していた水生植物で、エジプトの国のシンボルとなった。

二種の植物は、長い茎の先に花を咲かせる。その形を思い浮かべてみよう。両方ともエジプトのナイル河を上空から眺めた形に似ているのに気がつくだろう。花の萼《がく》の下あたりに古代エジプトの首都メンフィスがあった。現代の首都カイロもこのあたりだ。茎の部分にあたるナイル渓谷と、花のように見える支流をたくさんもつデルタ地帯は、気候と風土がまったく異なっていたために上下エジプトの二つの国として治められていた。パピルスは「下エジプト」を、ロータスは「上エジプト」を象徴していた。

太陽神の聖花ロータス

泥土の中からすっと伸びてきて花を咲かせるロータスは、ま

▲本物のパピルス　▼ロータス

◀パピルスの茂みから顔を出す西方の女神・牝牛姿のハトホル　同右呪文186

▲パピルスとロータスを捧げるアニ夫妻　アニの『死者の書』呪文110

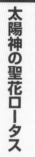

さにエジプトの創世神話にふさわしく、オレンジの花芯が開く様子は、花の上に太陽神が現れるようだった。

『死者の書』には死者をロータスに変身させる呪文81がある。

太陽神の聖花ロータスは、「再生」と「復活」の象徴として神々や死者に手向《たむ》けられた。

若さと喜びの象徴 パピルス

一方、青々としたパピルス草は「若さ」や「喜び」の象徴で、神に供えられた。パピルスの護符の呪文159・160がある。神官たちは、創世の頃のエジプトを思い起こすものとして、これらの植物の形を神殿の列柱に使った。ナイルが増水して水位が上がり、神殿の列柱が水に没したのち水が引くときの様子は、まるで水中からロータスやパピルスが生長していくように見えたことだろう。

パピルス草は、日用品の材料としてさまざまな用途があったが、とりわけパピルス紙がエジプトの重要な輸出品となっていた。

パピルス紙のつくり方は、古代ローマのプリニウスが『博物誌』の中で紹介したものが広く知られている。

薄くそいだ茎の髄に水を充分に吸わせたのち、縦横に並べて叩くことで一枚の紙にした。パピルス紙は何枚も繋ぎ合わせることが簡単にできたので、何十メートルもあるような巻物も発見されている。左から文を書くとき、筆の走りが良いように繊維が横になっているほうが表だとされている。繊維が縦になっているほうを外側にして、巻いて保存した。

ミイラのそばで見つかったパピルスの巻物は、防腐加工に使った樹脂などが付着したために広げるのが困難なこともあるが、特別な櫃《ひつ》に納められたものなどは当時のまま残っている。時代によってパピルス紙の縦幅も異なっていてどの時代の巻物かを知る手がかりとされる。ちなみに、古王国時代では二十一～二十四センチ、中王国時代は三十二センチかその半分、そして新王国時代にはずっと幅広くなって、大きいものでは四十七センチにもなったそうだ。

▲上下エジプト統一の図　植物を結ぶナイルの神ハピ。ラメセス2世の玉座。ルクソール東岸、ルクソール神殿

▲開花式パピルス柱と閉花式パピルス柱　ルクソール東岸、カルナック神殿

第五章 オシリス神の死者の裁判

❶……呪文125……真理の間《ま》に入るときに唱えられるべき言葉

数々の困難を呪文の力で乗り越えた死者は、ここで最大の試練に立ち向かうことになる。神々が列席するなか、オシリス神の前で行われる死者の裁判で、自分の生前の行いが神々の意にかなうものであるか否かが諮《はか》られるのだ。ここでの結審の具合で、死者の運命が大きく変わるから大変である。

この人生の正念場で必要不可欠な呪文が、「二つの真理の間《ま》に到着して、すべての神々にまみえるときに唱えられるべき呪文」だった。この呪文は、

○オシリスとの対面
○罪の否定告白
○陪審の神々への懇願

という三つの部分に大きく分かれていた。

オシリスとの対面

神々たちに守られた門を通り過ぎた死者は、最初の場面で、とうとう「二つの真理の間」に足を踏み入れる。一枚の扉をへだてた向こうに広がる空間、ここがオシリス神を裁判長に四十二柱の神々が居並ぶ、死者のための「裁判の間」だ。

この広間の名前「二つの真理」とは、「真理・真実・正義・秩序」をあらわす古代エジプト語の「マアト」から派生した言葉で、「完全な真理」を意味した。そこは文字通り真実を伝えるものだけが受け入れられる空間だった。

裁判の間に入るには、入り口を守る神々からの問いかけに明快に答える（呪文144・146）必要があったが、これらの呪文のほかに、「オシリス神の法廷に下るための呪文」（呪文124）や、「冥界を支配し、その門を守護し、裁判に関する報告を行い、西の出入り口を守るオシリス神と神々の法廷に下るための呪文」（呪文181）も唱えられた。

呪文125の冒頭で、死者はオシリス神に「私はあなた様を知っており、あなた様とともにおられ、悪を監視することで生きている……（中略）……四十二柱の神々の名前を存じ上げております」と挨拶を送る。

古代エジプトでは、「名前」は「存在」そのものをあらわし、名前を知っていることはその本質を知っていることと同義だった。たとえば、墓の中に刻まれた「供物リスト」に記された供物の名前を唱えれば、その供物は実在するものになったし、故人の名前を墓から削り取るとその人物を抹消することになった。ここで神の名前を唱えることで、死者は神の力を凌駕《りょうが》しようとしたのだ。

そして、死者は「私は神が嫌悪することを行いませんでした」と主張し、いかに正

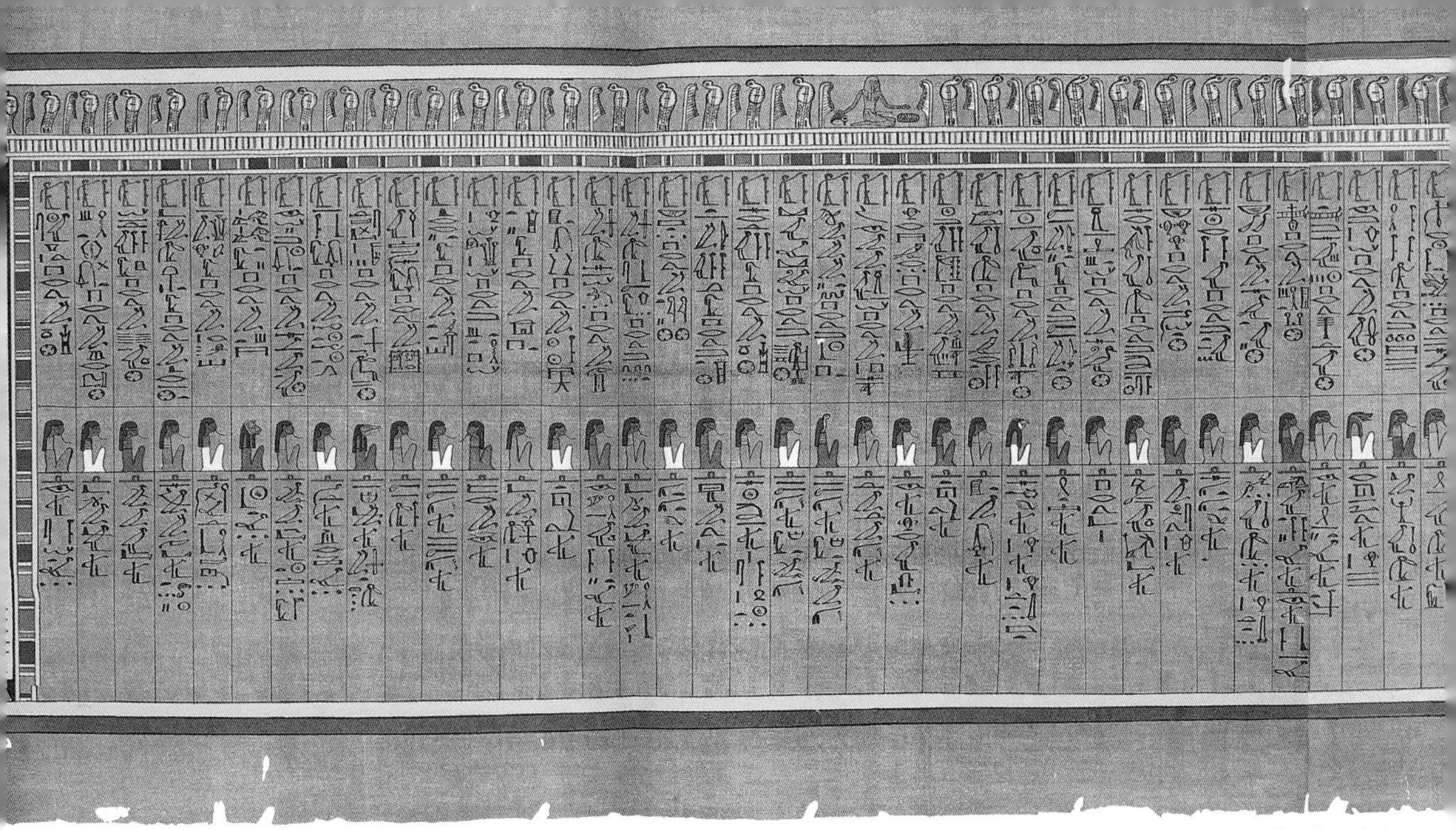

▲否定告白　アニの『死者の書』　42行に縦に区切られた祠堂の中には42柱の陪審の神々が居並ぶ。それぞれの行の中央には神が座り、頭上にはその神の出身と名前が、下には死者の否定告白が書かれている。彼らはオリシスを補佐すると共に死者の裁判の判決を左右した。大英博物館蔵

▼オシリスとの対面　アニの『死者の書』

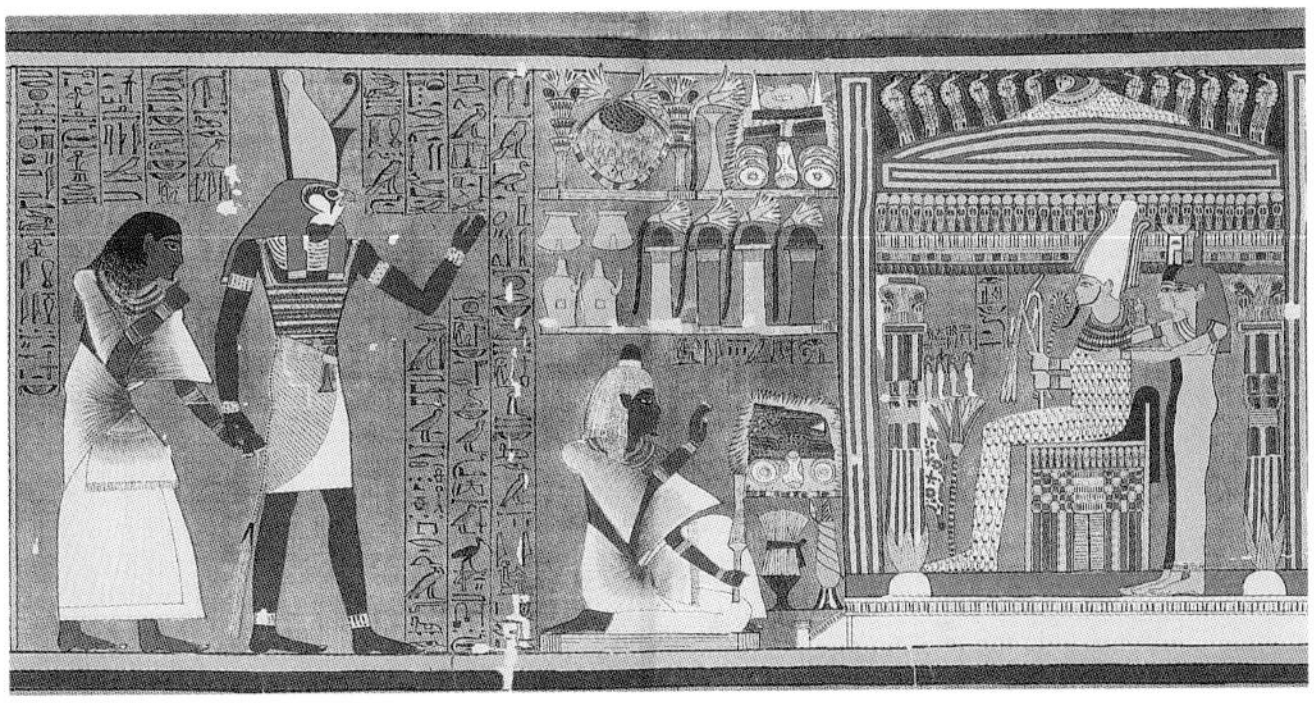

▼否定告白　ピネジェム1世の『死者の書』。カイロ・エジプト博物館蔵

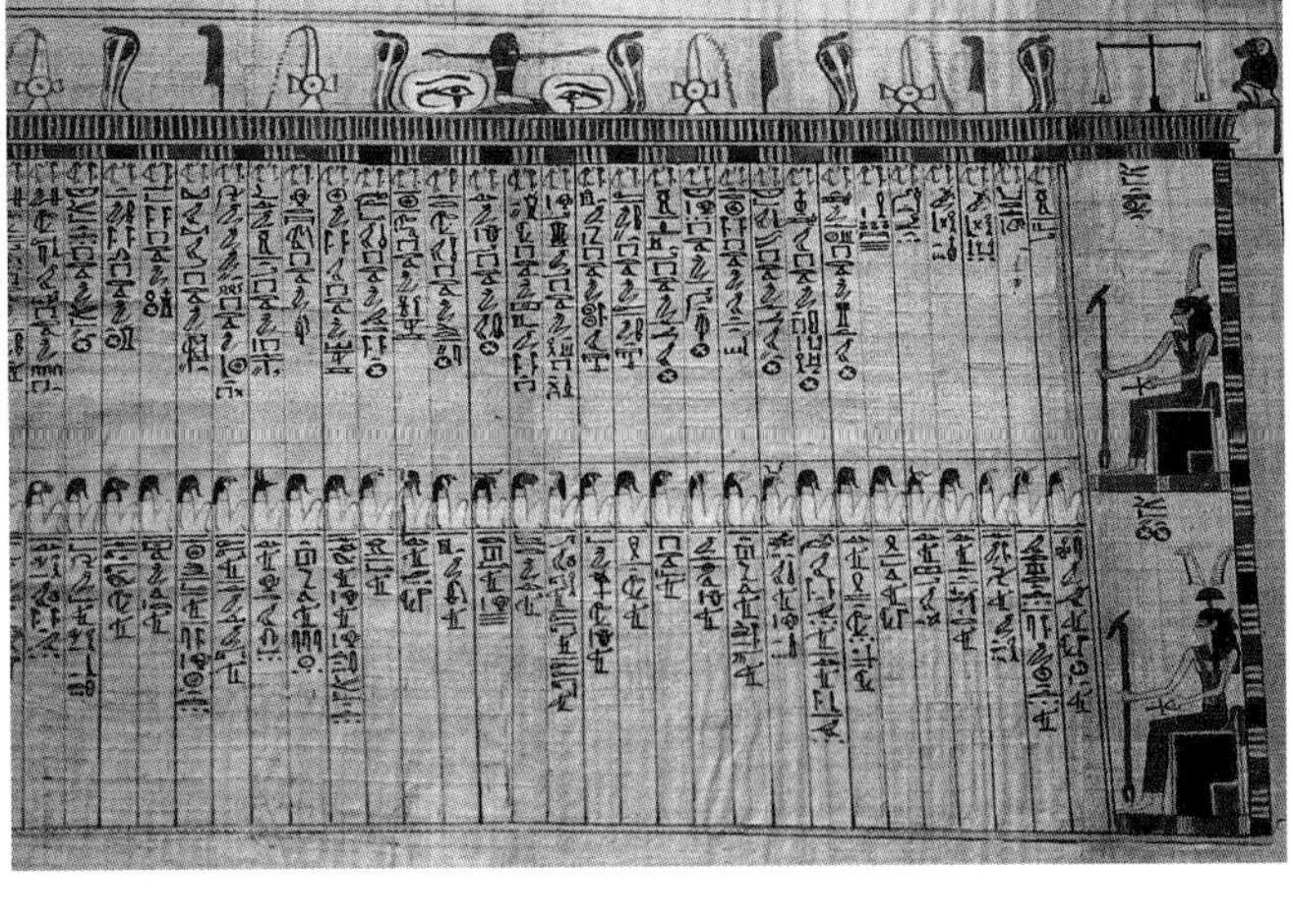

しく人生を送ってきたかについて、ひとしきりオシリス神に訴えかけた。

罪の否定告白

第二の場面では、死者は四十二柱の神々の待つ広間に足を踏み入れる。この呪文全体が、古代エジプトで神々の彫像を納めた祠堂《しどう》の形をしていて、四十二行に区切られていた。祠堂にはそれぞれに

▼否定告白に添えられた裁判の場面　アニの『死者の書』。真理の羽根を戴く2人の女神、オシリスへの礼拝、心臓の計量、トトによる結果の記録の4場面が描かれている

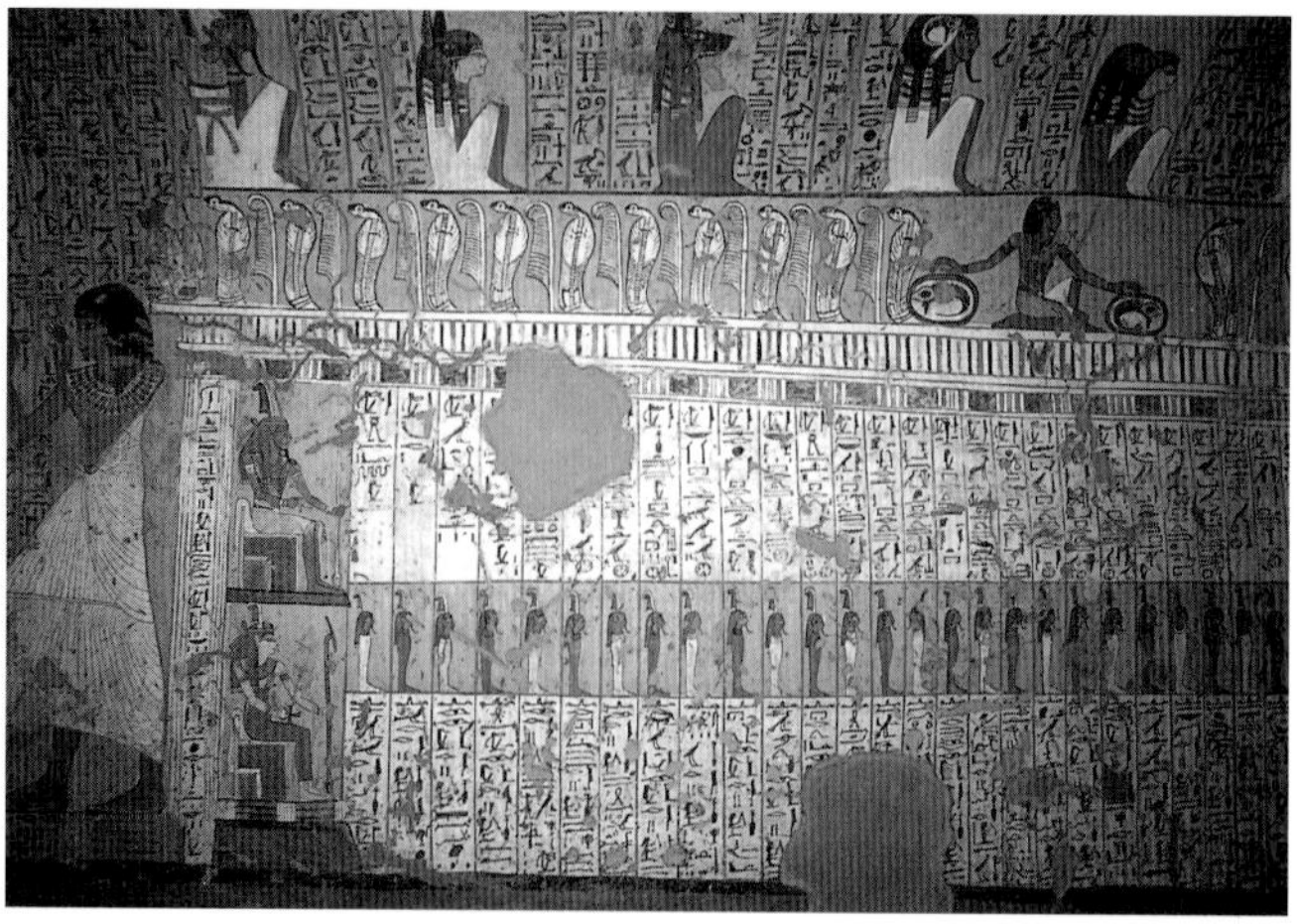

▶墓に描かれた否定告白　イリネフェルの墓。ルクソール西岸、デイル・エル＝メディーナ

神々が座して死者との対面を待っており、おのおの呪文が添えられていた。天井に真理の羽根とウラエウス蛇が交互に並んでいるのが特徴だ。

ここで死者は、まず自分の身の潔白なことを証明しなければならなかった。裁判の間に控えるすべての神々が彼の罪を暴こうとするなか、彼はただ一人で証言台に立つのだ。

四十二柱の陪審の神々それぞれに向かって、死者は神の名前を呼び、「○○したことはありません」という形で罪の「否定告白」を行なった。ここでは神の名前とその出自《しゅつじ》を正確に知っている必要があったから、死者は神の名前とその出身地を慎重に唱え、きっぱりとした口調で自分は罪を犯したことがないことを示した。

たとえば、ネブセニィの『死者の書』では、死者は三番目の神に向かって、

「ヘルモポリスからやって来たくちばしのあるものよ」

とその名前で呼びかけ、

「私は強欲ではありませんでした」

と罪のないことを訴えかけている。

この「くちばしのあるもの」とはトキの姿をしたトト神のことで、中部エジプトのヘルモポリスで信仰された知恵の神だった。そのため、書記の守護神としても崇拝され、死者の裁判では、葦《あし》のペンを手に持ち、神々の下した審判をパピルスに書きとる役目を担っていた。

告白の内容は、全部で四十二項目にもわたった。「盗みをはたらいたことはありません」とか「人を殺したことはありません」といった犯罪にかかわる内容から、「嘘をついたことはありません」「立ち聞きしたことはありません」「不倫を犯したことはありません」というような倫理的なもの、果ては「神を冒瀆《ぼうとく》したことはありません」といったものまで、現代に生きる私たちも、わが身を振り返ると一つや二つは思い当たるような数々の罪が並べられていた。裏を返せば、これは「○○したことはない」という言い回しで、社会生活

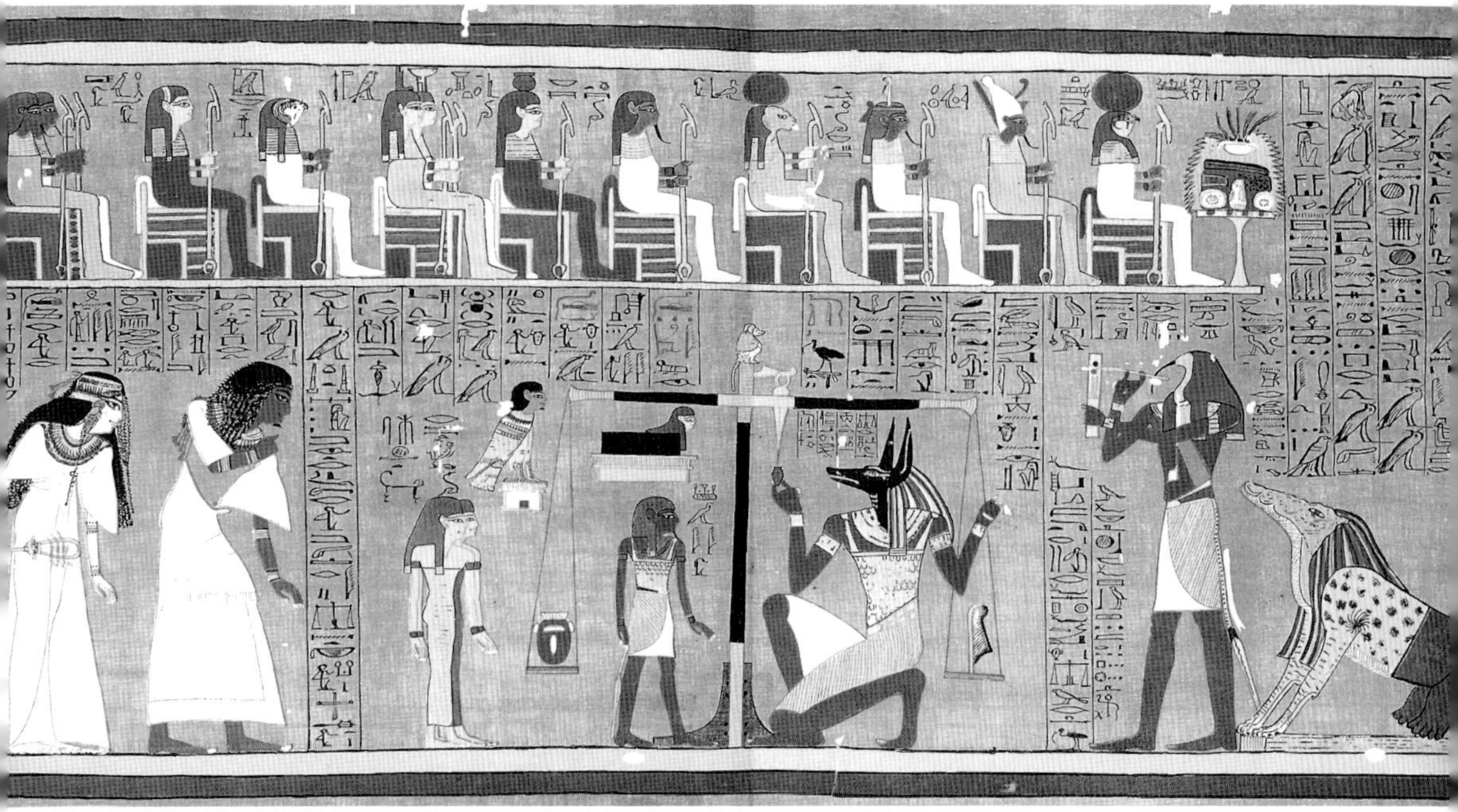

アニの『死者の書』呪文30B　呪文30Bの挿絵は、オシリス神の前で行われる死者の裁判の場面を再現している。天秤皿には、死者の心臓（左）と真理・真実の象徴であるマアトの羽根（右）がのせられ、山犬頭の神アビヌスが秤の傾きを見守る。上部にはヘリオポリスの九柱神ら、陪審の神々が並び、トキの頭のトト神が結果を記録する。その背後では、怪物のアメミトが死者の心臓をねらっている

上行ってはいけないことを示唆した道徳律と考えることもできよう。

しかし、これだけの長い呪文を唱えるにあたってわずかの間違いも許されない。少しでも言葉がよどめば、判決は「地獄行き」。この否定告白の呪文を記したパピルスは、死者がよどみなく告白できるように助けるカンニングペーパーの役目も果たしたことだろう。

死者はオシリス神を前にして閻魔《えんま》大王の前に引きずり出された心地で、さしずめ猫ににらみつけられたネズミのように身もすくんだことだろう。ただし、ここでの判決は、舌を抜かれて地獄に落ちるだけではすまなかった。

死者の裁判

「裁判の間」では、死者の国の支配者であるオシリスが、蛇腹《じゃばら》模様の天蓋《てんがい》でおおわれた玉座に静かに座しており、左右には、オシリスの守護女神のイシスとネフティスがオシリスと同様、死者と向きあって立っている。

長い否定告白のあとは、オシリスと四十二柱の神々によって、その告白が正しいか否かが審議される。

▲死者の裁判　ルーヴル美術館蔵

▼判決を待つアメミト　アニの『死者の書』

死者にとって最も不安な瞬間は、現世をともに生きてきた自らの「心臓」の証言であった。だから、神々の前で自分の心臓に不利な証言をさせないための呪文も用意されていた（呪文30）。

死者の前には、巨大な天秤《てんびん》が据えられ、ジャッカル（山犬）の頭を持つアヌビス神が、わずかな傾きも見逃すまいとするかのように、おもりのバランスを気遣い、目盛りに見入っている。

片方の天秤皿の上には真理を象徴する「羽根」、あるいは「マアト女神自身」がのせられ、もう一方の天秤皿には死者の「心臓」そのものが置かれた。

その横では、トキの頭を持つトト神が葦のペンを手に持ち、計量の結果が読み上げられるのを待っていた。トト神は、時にはヒヒの姿で描かれることもあった。

このようにして、死者の否定告白が正しいかどうかが計られた。ここでは、「心臓」は死者の現世での行為そのものを象徴するものだったから、真理をあらわす「マアトの羽根」と比べて釣り合うかどうかが問題だった。天秤がわずかでも傾けば、死者が延々と述べてきた現世での生活ぶりは、すべて虚偽であると神々によって断定されたことになる。

もし死者の言葉が否定されたら、天秤のかたわらで舌なめずりして待つアメミトに死者の心臓は貪り食われた。このアメミトは、頭はワニ、肩から前足にかけてはライオン、後ろ足はカバの姿をした恐ろしい怪物で、こいつに心臓を貪り食われた死者は二度目の死を体験することになるのだ。「第二の死」、つまり地獄に落ちるよりも怖い「来世での生の否定」が待ち受けているのだった。

それでは、第二の死を運命づけられたものはどうなってしまうのだろうか。

新王国時代の王墓の壁には、業火《ごうか》に焼かれるもの、水におぼれるもの、手足を縛られ、首をはねられたものなど、生きることを否定された死者たちの末路が描かれている。彼らは、あの世の暗黒を照らす太陽神の光も届かない深い深い闇の中で永遠にもがき苦しむのだった。呪文126には、四頭のヒヒが守る「炎の湖」が描かれ、彼らの運命を暗示している。そして、万が一にもそのような危機に直面した場合に備えて、二度目の死を避けるための呪文も用意周到に準備されていた（呪文44～46）。

◀**死者の裁判**　アンハイの『死者の書』

▼**ヒヒが守護する炎の湖**　アニの『死者の書』炎の湖の場面は元来は呪文125の挿絵だが、のちの時代に独立して呪文126になった

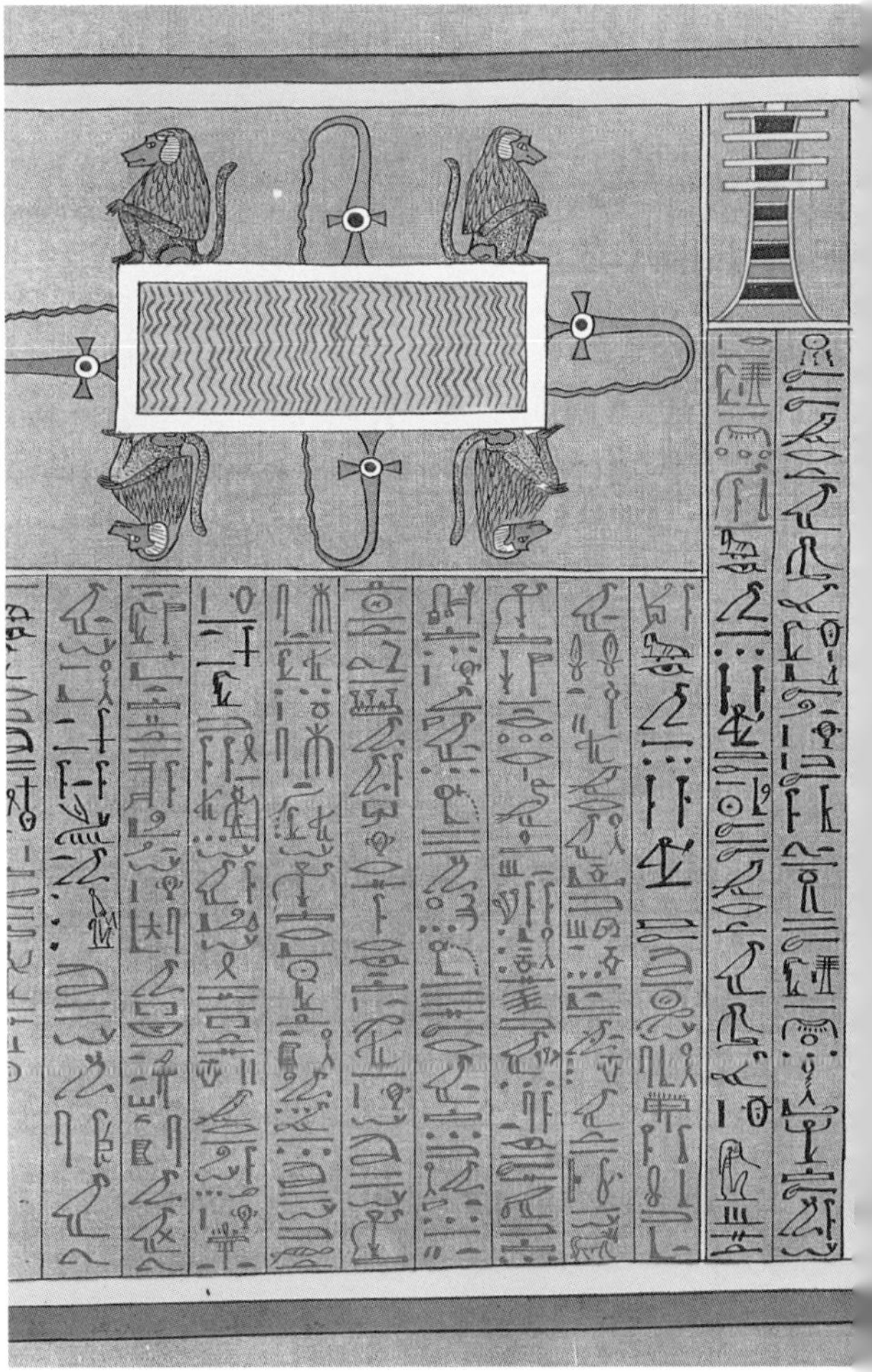

何はともあれ、ここで良い結果が得られれば、死者はオシリス神の国に正式に迎え入れられた。古代エジプトではその印として「言葉が正しいもの（声正しきもの）」という追号が死者に贈られたが、古代エジプト語で男性に「マア・ケルウ」、女性にはその女性形「マアト・ケルウト」が名前に続けて添えられた。「マア（マアト）」は「正しい」、「ケルウ（ケルウト）」は「言葉」を意味した。つまり、死者の裁判でその否定告白が真実だと認められたという意味なのである。

陪審の神々への懇願

第三の場面では、裁判の間に居並ぶ神々に死者は挨拶を送っている。アニのパピルスでは、オシリス神のそばにはラー・ホルアクティのほか、天地創造に関連するアトゥム、シュウ、テフヌト、ゲブ、ヌト、イシス、ネフティスやホルスなど、ヘリオポリスの九柱神たちも控えていた。

ネブセニィの『死者の書』では、死者はヘリオポリスの九柱神に向かって、「あなた

方が証人として私のために真実を語ってくれますように。タ・メリイ（エジプト）で、私は真実を行ってきたのだから」と、自分

▲側室の入り口　ネフェルタリ王妃の墓。入り口上部には裁判の間を暗示するように、ウジャトの眼とウラエウス蛇、マアトの羽根が描かれている

◀裁判に勝利した死者　アンハイの『死者の書』。真理を示すマアトの羽根を全身にまとった死者は裁判を無事に終えた喜びをあらわしているかのように両手を掲げて立っている

▼門の書　ホルエムヘブ王墓。ルクソール、王家の谷

の正しい行いを証明してくれるように懇願している。オシリスの裁判で勝利を勝ち取るには、なによりも神々の口添えが必要不可欠だったのだ。

それに応えるように、アニのパピルスでは、裁判の間に居並ぶ偉大なる九柱神がヘルモポリスのトト神にアニに関して次のように語っている。

あなた（アニ）の言葉は真実である。彼は正直者だ。彼の罪は存在しないし、彼に関する告発はない。怪物アメミトが彼に打ち勝つことを許しはしない。オシリス神の前に供物が供えられるようにしなさい。ホルス神に付き従うものたちのように、ヘテプの野（楽園）に迎えられますように。

ネブセニィの『死者の書』では、さらに執拗に追及が続けられ、問答が繰り広げられる。

最後にもう一度、罪を犯したことがない清廉潔白な身であることを死者は主張して、晴れて「死者の国」の一員として迎え入れられ、正式にオシリス神の前に進み出ることが許されるのだった。

死者の裁判　ネチェルメルアメン王妃の『死者の書』。大英博物館蔵

ちょっとだけヒエログリフ

古代エジプト語では、「裁判の間」の正式な名称は「ウセクト・（テン・）ネト・マアティ」である。「ウセクト」は「広間」のことで、ヒエログリフでは木製の衝立で囲われた空間で表現された。「マアティ」は二枚のダチョウの羽根で描かれたが、これは「真理・真実・正義・秩序」をあらわす名詞「マアト」の双数形で、「完全な真理」を意味した。

一方、法廷あるいは法廷に集う神々を意味する言葉として「ジャジャト」も頻繁に登場する。

		読み	意味
	*wsḫt nt mꜣꜥty*	ウセクト・ネト・マアティ	二つの真理の間
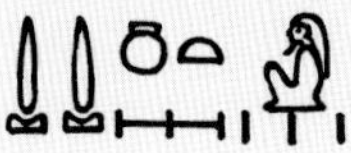	*ḏꜣḏꜣt*	ジャジャト	法廷、 法廷につどう神々

❷ 呪文30 心臓に反抗させないための呪文

人間の感情・思考の源＝心臓

古代エジプト人は、現代のわれわれと理解はやや異なるものの、ミイラづくりから得た解剖学的な知識のおかげで、心臓が人間を生かすためには欠かせない重要な臓器であることを知っていた。だから、腐敗を防ぐためにすべての内臓を取り出し、遺体を洗浄して防腐処理をほどこしたあとも、彼らは心臓を遺体の本来あるべき場所に戻した。呪文26の「心臓が与えられる呪文」を見ると、エジプト人が、心臓を人間の生命力の源と考えていたのではないかとまで感じる。

しかし、それ以上にエジプト人は心臓を人間の感情や人格をつかさどる中枢器官だと信じ、心臓が自由な意思を持ち、人間のさまざまな考えを生み出し、喜びや悲しみ、善意や情けの心、悪意までもコントロールすると考えた。だから、彼らは歓喜の心を「心臓が喜ぶ」と表現し、また、心

▲チェンナの『死者の書』呪文30A

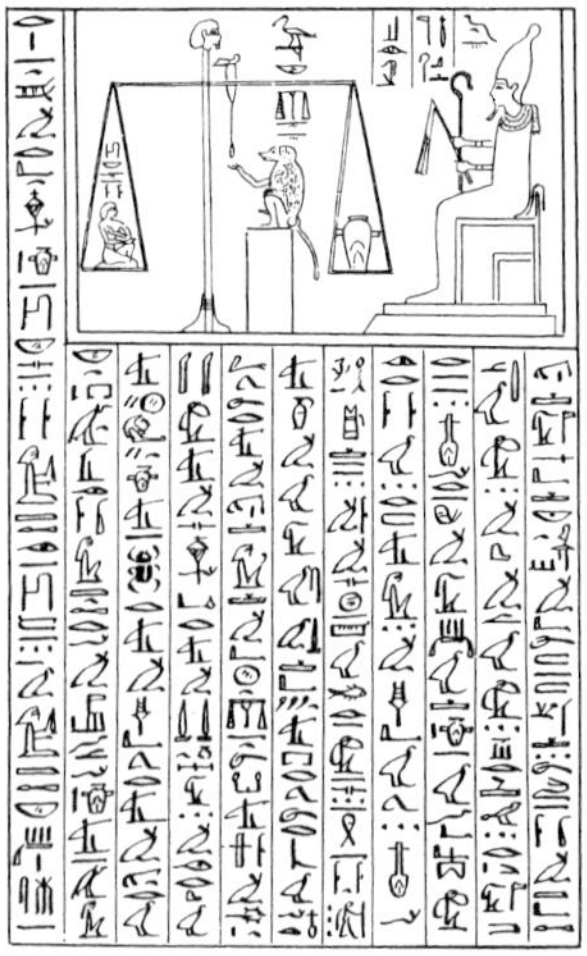

◀ネブセニィの『死者の書』呪文30B　大英博物館蔵

▼フネフェルの『死者の書』呪文30B　天秤の上に呪文30Bが書かれている。大英博物館蔵

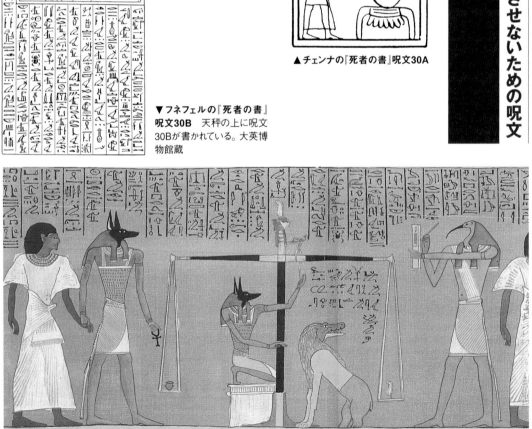

臓が人を悪事に引きずり込むと信じた。

心臓に懇願する

神官メスの『死者の書』では、死者はオシリス神の前に引き出されたときに、心臓が自分に不利な証言をしないように次のように懇願している。

私の母から（もらった）私の心臓よ。私の心臓よ。現世で私のものだった私の心臓よ。オシリス神の前で私に反する証言がされませんように。私が言った真実に反して、私が行ったことについて私に反して、（心臓が）語りませんように。

そして、偉大なる神、西方の主人（オシリス）の前で「期待を裏切る結果」にならないようにと訴えかけている。さらに、自分の心臓だけではなく、裁判の間に居合わせる神々にも丁寧に挨拶の言葉を送るのだった。一般的に、呪文30Aと呼ばれているこの呪文のパピルスには、大きな心臓を礼拝する死者の姿が描かれていた。また、呪文27から29Aは「心臓が奪われないための呪文」という言葉で始まるが、その中で死者は、自分に従うよう心臓に求めている。つまりは死者に有利な証言をしてくれることを願っているのだ。

一方、呪文30Bは呪文30Aと同様の言葉で始まった。挿絵として心臓のほか、心臓を計量する場面が好んで添えられた。アニの『死者の書』では、この呪文30Bが呪文の冒頭に登場する。

現世をともに生きてきた心臓の証言がよほど怖かったのか、エジプト人はこの呪文を刻んだ護符までミイラの胸に巻き込んだ。この護符は、再生の象徴のスカラベ甲虫（ふんころがし）の形をしており、裏には呪文30Bから抜粋した言葉が刻まれていた。

死者の裁判に対して、ここまで用意周到に準備をするところをみると、否定告白の呪文の中に、良心に照らして目を背けたくなるような心の痛むところがあったということなのだろうか。エジプトの宗教の、実に人間的な部分がにじみ出たような呪文だ。

▲呪文27—心臓を奪われないための呪文　アニの『死者の書』

▶呪文26—心臓が与えられるための呪文　インヘルカウの墓。ルクソール西岸、デイル・エル＝メディーナ

❸ 呪文94　トト神から水差しとパレットを手に入れるための呪文

神の秘密に通じるもの

知恵の神トトは、死者の裁判で書記という重要な役目を果たしただけでなく、神の秘密に通じるものと考えられていた。この呪文94を唱えることで、死者はトト神から水差しとパレットを受け取り、神の秘密の言葉に近づき、神のような超人的な力を得ることができると考えられた。

ルクソールのナイル西岸にあるネフェルタリ王妃の墓には、この呪文を扱った素晴らしい装飾が見られる。等身大で描かれた王妃が、椅子に座るトキの頭を持つトト神に、「私はアク、私はバー、私は力を得たもの、トト神の巻物を備えたるもの」と言葉をかけている。トト神の前にはパレットと蛙の形の水差しが置かれていて、王妃は「トト神のパレットと水差しと、その中にある秘密を私にください。オシリスの腐敗の分泌物を私にください」と言葉を続ける。

腐敗をのりこえる

死後、再生するためには遺体の保存が欠かせないと考えたエジプト人は、遺体が腐敗し消滅することを恐れた。そのため、『死者の書』に遺体を腐敗させないための呪文（呪文154）まで用意した。

しかし、この世に生を享《う》けたものはみな、死んだあとには、その亡骸《なきがら》は腐敗し、土に返っていく。腐敗は避けられない死の定めであり、それを乗り越えて初めて人は再生し、復活できるのだとエジプト人は考えた。呪文94では、死者はオシリスの腐敗した遺体から流れ出る水分をインクとして使用することで、その力を利用しようとしたのだった。

トト神に関連した呪文には、トト神のかたわらにいて（呪文95～97）、死者の国で死者をバーにする呪文（呪文97）といったものもあり、この神が死者の復活と再生で重要な役割を担っていたことがわかる。

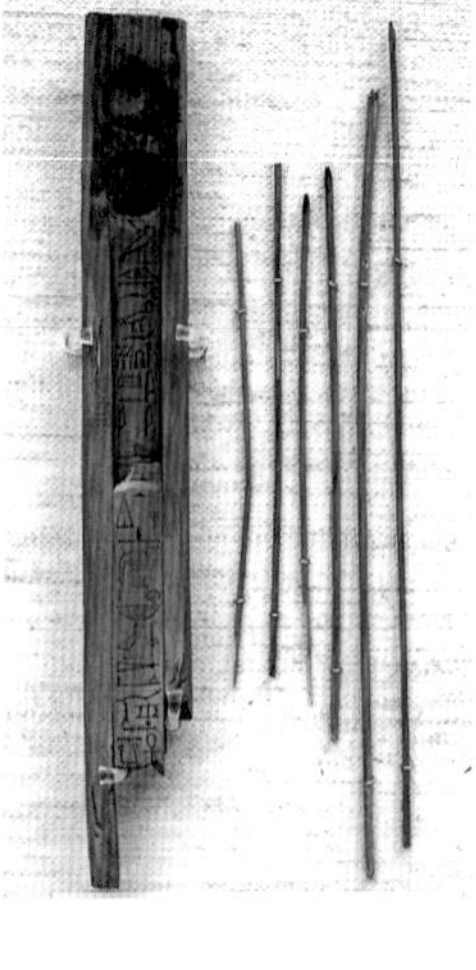

▶**筆記具（実物）**　大英博物館蔵

◀**記録をとるトト神**　メンナの墓。ルクソール、クルナ村

墓に描かれた呪文94(部分)　ネフェルタリ王妃の墓。ルクソール西岸、王妃の谷

呪文94を読んでみよう!!

①
r（呪文）

n（〜ための）

dbḥ
（〜を求めること）

p3s（水差しと）

gsti（パレットを）

m-ʿ（〜から）

Ḏḥwty
（トト神）

m（〜で）

ḫrt-nṯr
（ネクロポリス）

②
in（〜による）

Wsỉr
（オシリス）

ḥmt-nsw
（王妃）

wrt（偉大なる），

nbt（女主人）

t3wy（二国の），

Nfrt-ỉry,
mrt-n-Mwt
（ネフェルタリ、
ムト女神に愛
されたもの）

m3ʿ-ḫrw:
（ことばの正しい者）

③
ỉ（おお）

wr（偉大なるもの）

m33
（見る、
尊敬する、
認める）

ỉn（〜によって）

ỉt（・*f*）（父），

ỉry（守るもの）

md3t
（巻物を）

tn（この）

Ḏḥwty.
（トト神の）

④
mk
wi（ご覧下さい），

ii・kwi,
（私はまいりました）

3ḫ・kwi,
（私はアクになって
おります）

b3・kwi,
（私はバーになって
おります）

sḫm・kwi,
（私は力を得ています）

⑤
ʿpr・kwi
（私は〜を備えて
おります）

m（〜を）

sš（書き物）

n（〜の）

Ḏḥwty.
（トト神）

⑥
ỉn
（連れて来て下さい）

n・ỉ
（私のところに）

3kr
（アケル神を）

『死者の書』呪文94 ネフェルタリ王妃の墓

②オシリス（註1）、偉大なる王妃、二国の女主人、【ネフェルタリ、ムト女神に愛されたもの】、ことばの正しい者による、①ネクロポリス（註2）でトト神から水差しとパレットを求めるための呪文。③おお、父が認める偉

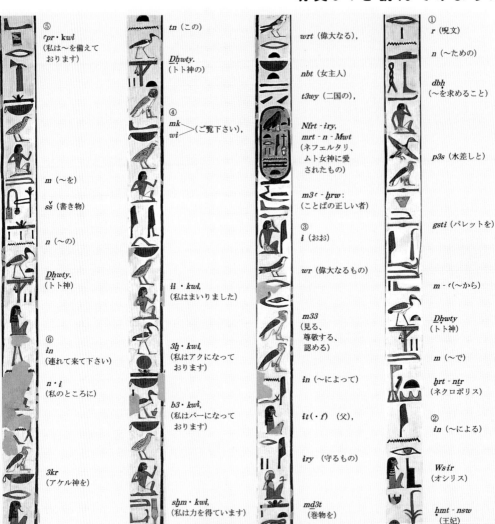

コラム　ヒエログリフに挑戦

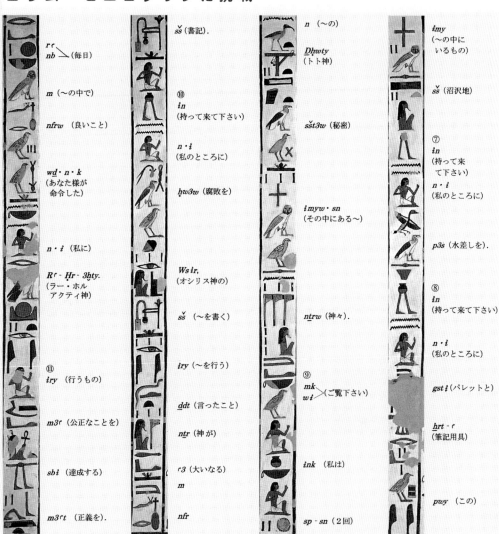

大なるものにして、トト神のこの巻物を守るものよ。④ご覧下さい、私はまいりました、アクになって、バーになって、力を得て、⑤トト神の書き物を持って（まいりました）。⑥私のところにアケル神を、沼沢地のなかにいるものを連れて来て下さい。⑦私のところに水差しを持って来て下さい。⑧私のところにトト神のこのパレットと筆記用具を、そしてその中にある秘密を、神々（の秘密）をもたらして下さい。⑨ご覧下さい、私は書記です、私は書記です（註3）。⑩私のところにオシリスの腐敗（の液体）を持って来て下さい、書くことができるように。ラー・ホルアクティ神よ、あなた様が私に命令した良いことの中から、大いなる神が言われたことを毎日行うために。⑪（私は）公正なることを行うものであり、正義を達成するものです。

（註1）ここでは神ではなく死者自身をさす。（註2）あの世、死者の国のこと。（註3）sp-snは繰り返しを意味する。

❹ 呪文14　神の心から怒りを取り除くための呪文

神が好意的でありますように

オシリス神の前に立った死者が、来世で安泰に暮らすためには、どうにかして神々から「自分は真実を語るものだ」という評価を勝ち取らなければならなかった。そのために死者は、神々の怒りを喚起させないように苦心した。

アメンの第一神官メスエムネチェルの『死者の書』で、死者は自分に対して怒りをいだく神々に向かって、次のように懇願している。

真理の主（オシリス）よ、邪悪に満ちた障害を取り除いてください。真理の神のお仲間よ、この神（オシリス）が好意的でありますように、私の罪が取り除かれますように。

そして供物を捧げ、「私に対して好意的でありますように、あなた様の心の中にある私に対する怒りを取り除いてください」と重ねて念じている。

▶オシリスとアトゥムに供物を捧げる王妃
ネフェルタリ王妃の墓

▲力の象徴を握る王妃　供物の効果か、王妃は力を象徴するセケム笏を神々に向かって誇らしげに差し出している。ネフェルタリ王妃の墓

▶山と盛られた供物
ケルエフの墓。
ルクソール、アサーシーフ

⑤ 呪文144　オシリスの国に入る門を守る七つの門番たちへの呪文

七つの門の門番の神々

オシリスの国に入るためには、死者は数多くの門を通らなければならなかった。それぞれの門には門番がいて、死者の行く手を阻んだ。ここでも、死者は試練に直面することとなり、こうした場合にも呪文が唱えられた。

呪文144では、通常、死者は七つの門を通過する。それぞれの門には三柱の門番の神々が待ち構えていて、「門を守るもの、見張るもの、報告するもの」と呼ばれ、役割を分担していた。「門を守るもの」は門の開閉を管理し、「見張るもの」は死者が訪れたことを確認し、「報告するもの」は二つの国（上下エジプト）で起こった出来事をオシリスに報告した。ここで死者はそれぞれの門の名前を唱え、さらにその門を守る神々の名前を正確に唱える必要があった。

『死者の書』の挿絵では、分厚い梁《はり》のしっかりした構えの門前に三柱の神々が座っている。ハヤブサや蛇、山犬など神々はさまざまな姿を持つ。門と門の間には、おのおのの門とその門番たちの名前がヒエログリフで記されている。「ワニを追い払うもの」「カバの顔をしたもの」のほか、「虫を喰らうもの」といったような名前まで、死者は唱えなければならない。いずれにしても、死者は各門の前で、三柱の門番の名前を唱えて、七つの門のすべてを通らなければならなかった。

▲3人の門番　ネフェルタリ王妃の墓

◀アニの『死者の書』呪文144

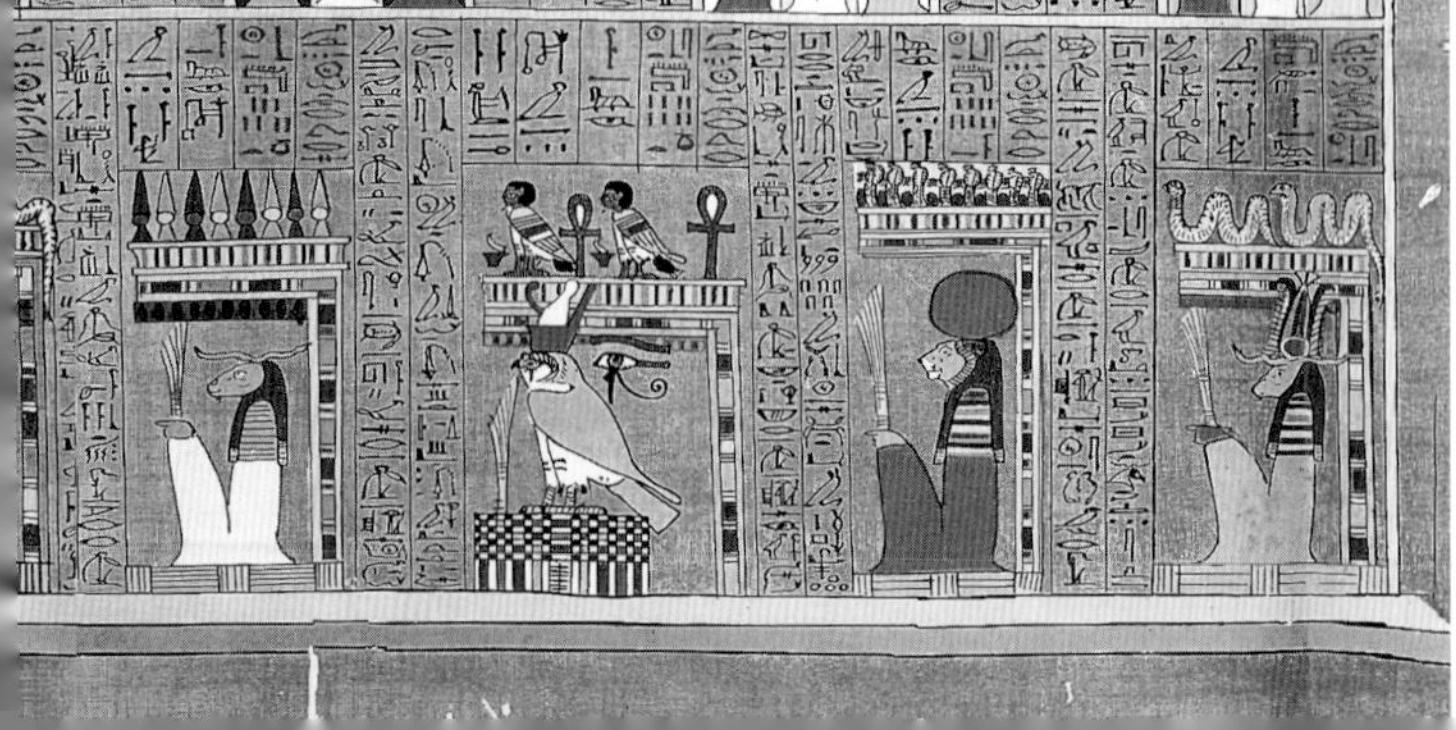

◀アニの『死者の書』呪文146

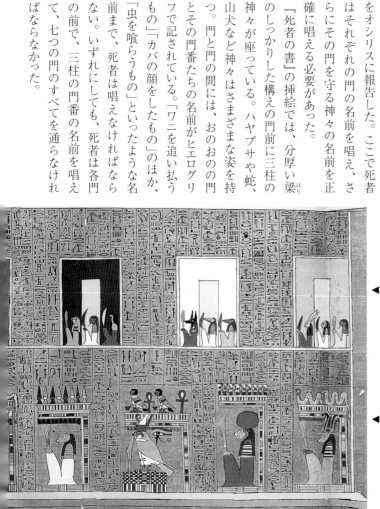

6 呪文146 オシリスの国に入る門を通るときに唱えられるべき呪文

二十一の門の門番の神々

オシリスの国に入るために、死者はさらに別の門を通らなければならなかった。

呪文146では、通常、死者は二十一の門を通過する。呪文144の門とは異なり、厨子《ずし》のような形の門の中には一柱の神が座っていて、入り口を守っていた。ここでも死者はそれぞれの門の名前を唱え、さらにその門を守る神々の名前を正確に唱える必要があった。

二つの来世観

古代エジプトには二つの来世観があって、そのいずれの場合も、あの世で「門」が重要な役目を果たした。

一つの来世はオシリスの裁判を経てたどり着く楽園の世界であり、裁判の間《ま》に入るために、呪文144や呪文146にあるように数々の「門」を通り抜けなければならなかった。その試練を乗り越えて初めて死者は楽園にたどり着くことができたのだ。そして、二度と苦しみを味わうことなく、この楽園で永遠に生を謳歌することができた。

もう一つは、太陽神が毎夜、日没とともに巡ることになる夜の世界だった。エジプト人は、太陽神ですら死を免れることができないと考えた。日中あれほど天空で輝き、暑い陽射しをそそいだ太陽が西の空に沈む様子を、彼らは太陽神の「死」ととらえた。しかし夜の間、太陽は地下の世界をひたすら東に向かって航行したのちに、ふたたび生き返って東の空から昇ると信じたのだ。

新王国時代の王墓に描かれた『門の書』は、闇の世界を巡る太陽神の様子を描写している。太陽神は夜の十二の門を一つ一つ通り過ぎながら、そこで太陽の光を待ちわびる

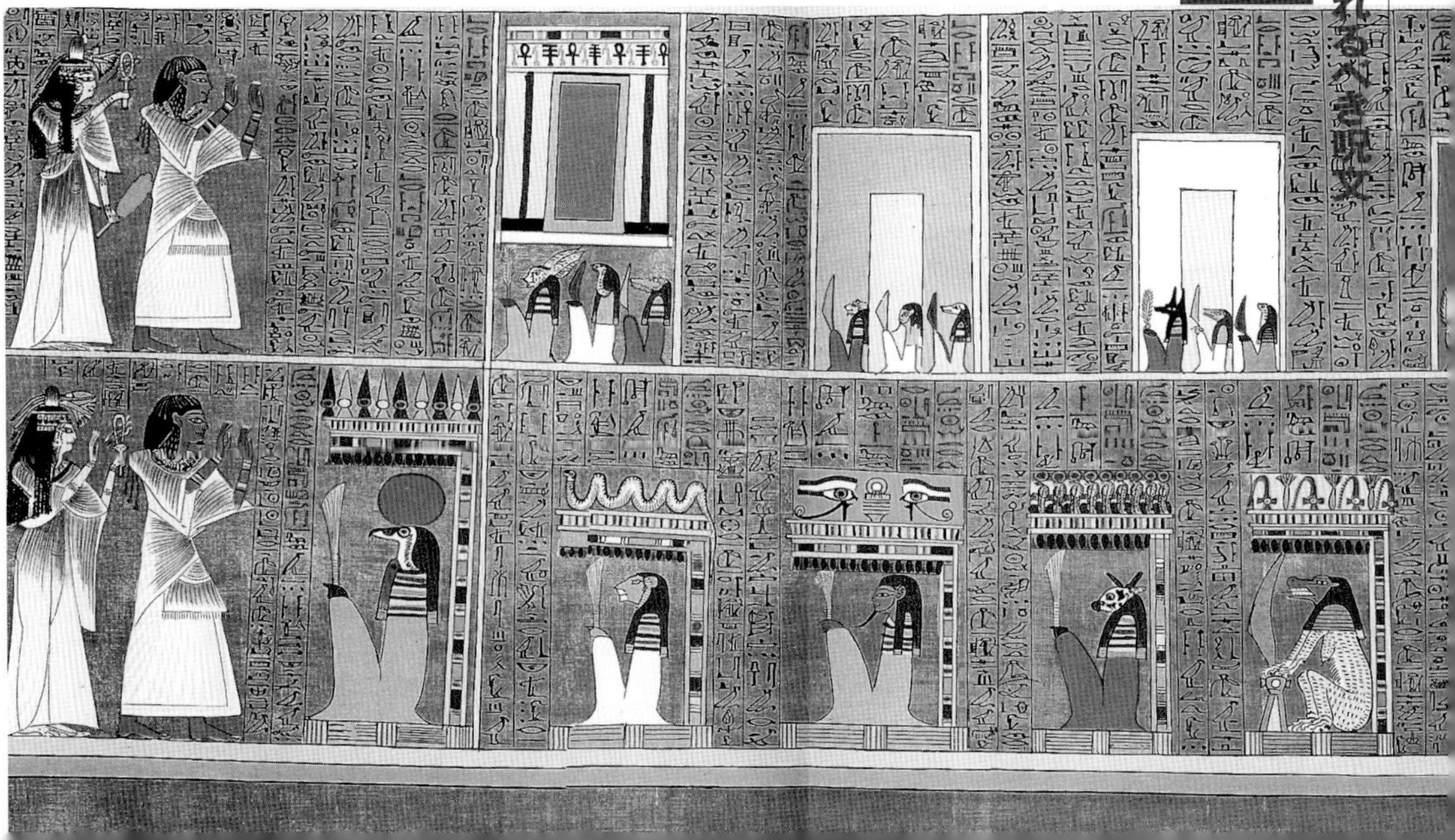

死者たちを照らし出す。太陽神の聖船が近づくと門は静かに開き、聖船が通り過ぎるとふたたび固く閉じられてしまう。門は巨大な蛇に守られ、死者は毎晩一度だけ訪れる太陽のまぶしい光で目覚め、生き返るのだった。あたりは喜びに満ちあふれ、歓喜の声がこだました。しかし聖船が通り過ぎて門が閉じられると、死者たちはふたたび深い死の眠りにつき、次の夜を待たなければならなかったのである。

　いずれも、門で隔てられた向こうには生命があふれる世界が広がっていた。ただ異なっているのは、それがイアルの野という終着点がある「無限の生」か、死と復活という運命を太陽神と共有する「循環する生」かという点だけだ。

▲**門の書**　ラメセス1世王墓。王家の谷
◀**ナイフを手にする冥界の門番**　カエムワセト王子の墓。王妃の谷
▼**墓に描かれた呪文146**　センネジェムの墓

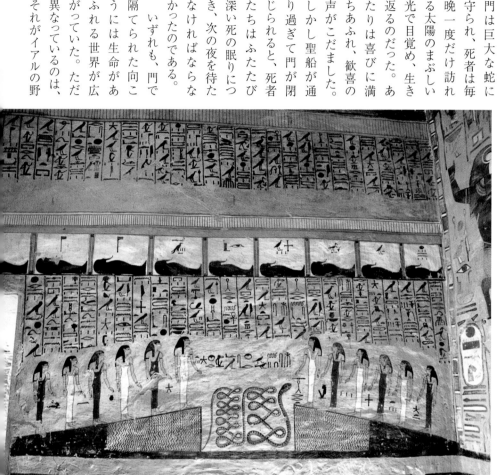

▲門の書　ラメセス1世王墓。蛇に守られた冥界の門を太陽の聖船が通過すると、深い眠りについていたオシリス(死者)たちが命を吹き返して一斉に目覚める。場面は右に続くが、太陽の訪れを待つオリシスたちが黒いシルエットで横たわっている

▼呪文68—現世と来世を往来するための門
センネジェムの墓。デイル・エル=メディーナ

▼冥界の門番　ネフェルタリ王妃の墓

第六章 来世での至福の生活

① 呪文99 渡し舟を手に入れるための呪文

あの世の河を渡るために

死者が楽園である「イアルの野」にたどり着くためには、あの世に流れる河を渡らなければならなかった。そこで、死者が渡し舟を容易に手に入れるために準備されたのが呪文99だった。

仏教思想に照らし合わせると、さしずめ「三途《さんず》の川」を渡るようなものだろうが、古代のエジプト人が思い浮かべる河はもちろん、目の前を雄大に流れるナイル河だった。だから渡し舟とはいっても、その船は大きく立派だった。『死者の書』の挿絵では、大きく帆が張られた船の中で、死者は櫂を握り、かつ舳先《へさき》に立ち、行く手を監視する。

呪文は、「死者の国で渡し舟を持って来させるための呪文」という言葉で始まる。そして、自分のために、困難な中洲もかわすことのできる船を準備するよう懇願する。さらに、自ら櫂《かい》を握りこの河を渡りきるためには、死者は船のそれぞれの部位を熟知し、その知識を披露しなければならなかった。

私の名前を言え

呪文の中で、船の各部位は、死者に自分の名前を答えさせようとする。一番手は係留杭《ぐい》で、「私に私の名前を言え」と迫る。「厨子の中におられる両国の女主人というのがあなた様のお名前でございます」と、すかさず死者はその問いに答えなければならなかった。十一番目に問いかけるのは櫂で、「年長のホルスの指というのがあなた方のお名前でございます」という呪文が準備されていた。その後、死者は風や河、河岸からも問い

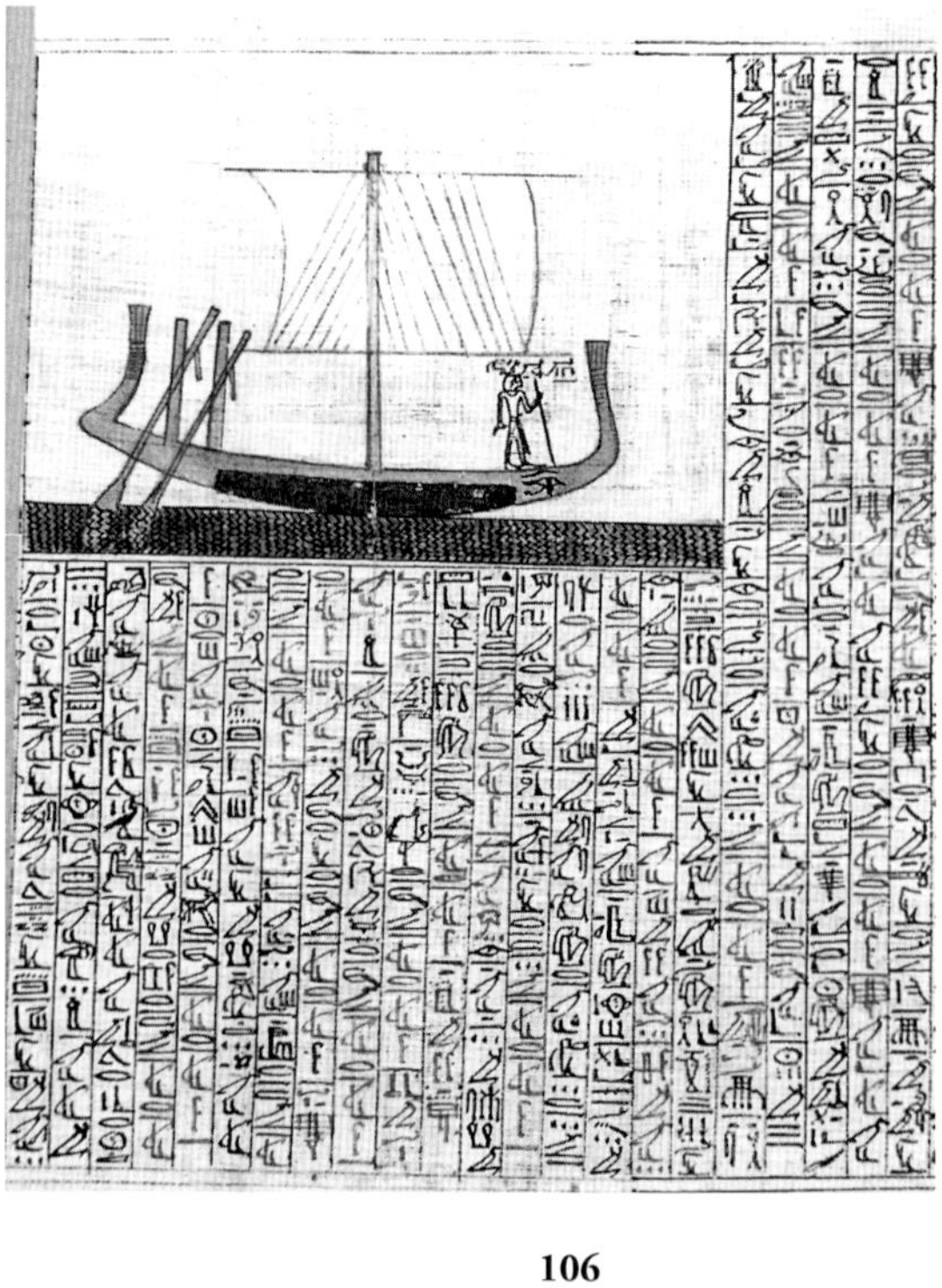

ヌの『死者の書』呪文99
大英博物館蔵

かけられ、このような問答が二十二回繰り返される。このように問答に確実に答えることで、死者は船を自由自在に操る力を得たのであろう。

ネブセニィや彫刻師ネフェルレンペトの『死者の書』では、この問答の部分はほかでは見られない特徴を持つ。行の上半部には船の各部位の問いかけが書かれ、そのすぐ下にその部位が象徴的な絵で描かれている。行の下半分には答えるべきその名前が書かれており、それが二十二行並ぶという特異な形式で表現されている。

さらに、「この呪文を知るものはイアルの野（楽園）に入ることができよう。そこで大いなる神の供物卓からパンとビールを与えられよう」という、死者にとってこの上なくありがたい言葉でこの呪文は締めくくられている。

神官ネフェルベネフの『死者の書』には、マハフという名前の船頭に渡し舟を準備してくれるように呼びかける、ほかでは見られない独特な呪文が用意されている。この船頭の名前は、もともと「舵がその後ろにあるもの」を意味するマアハフが、マハフ「後ろを見るもの」と音の響きが類似しているために誤解されたもので、挿絵でも時折、後ろを振り向く姿で描かれる。

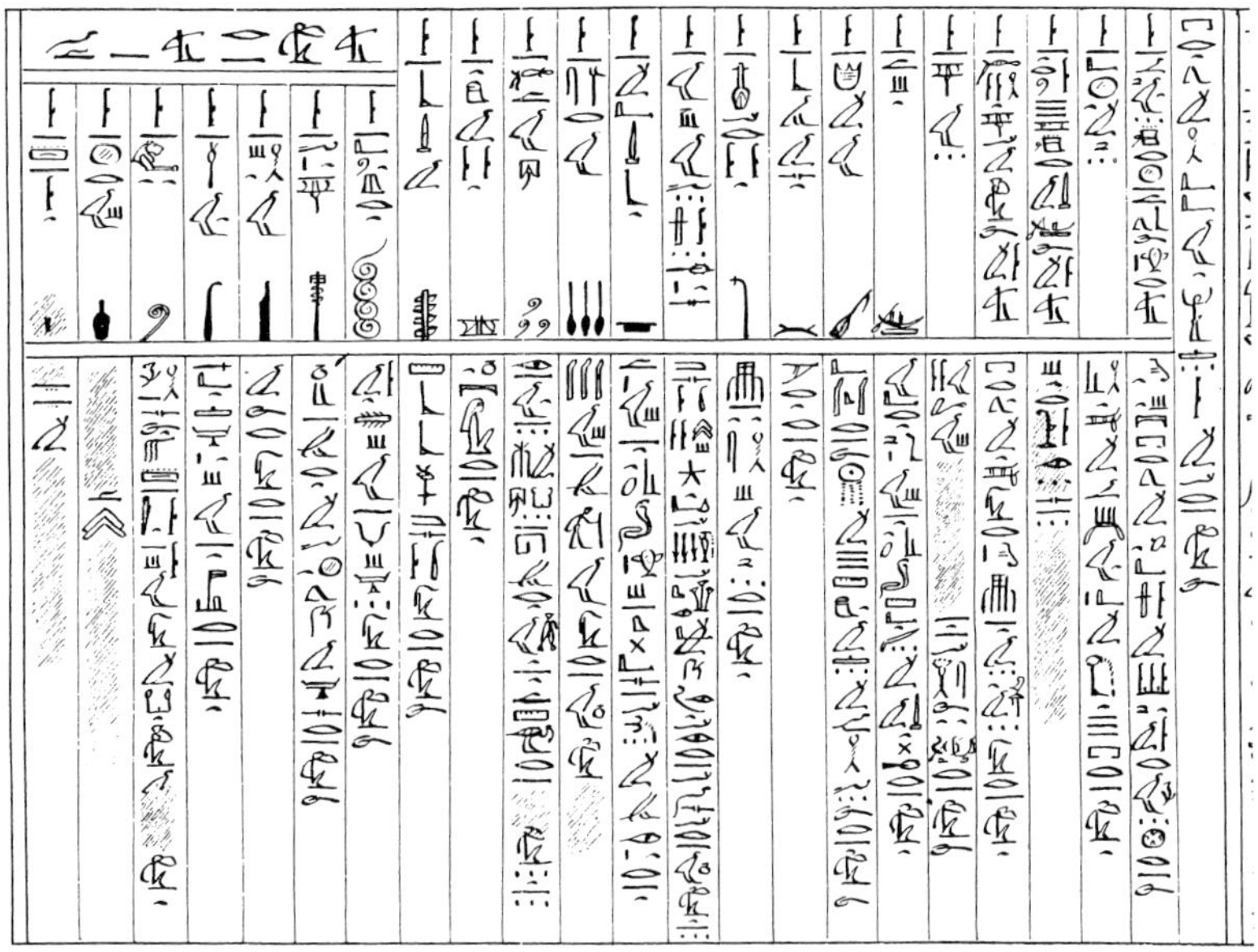

▶船の部品を手に入れるための呪文　ネブセニィの『死者の書』呪文99。中央部分に船の部品が描かれ、その下にはそれぞれの部品を手に入れるために必要な呪文が添えられている。大英博物館蔵

▲振り返るマハフ　アニの『死者の書』呪文93。大英博物館蔵

ちょっとだけヒエログリフ

	読み	意味
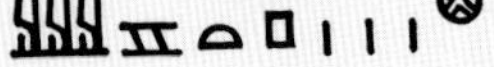	*sḫt ḥtpw*	セケト・ヘテプ「供物の野」
	*sḫt iꜣrw*	セケト・イアル「イアルの野」

❷ 呪文110 イアルの野で生きるための呪文

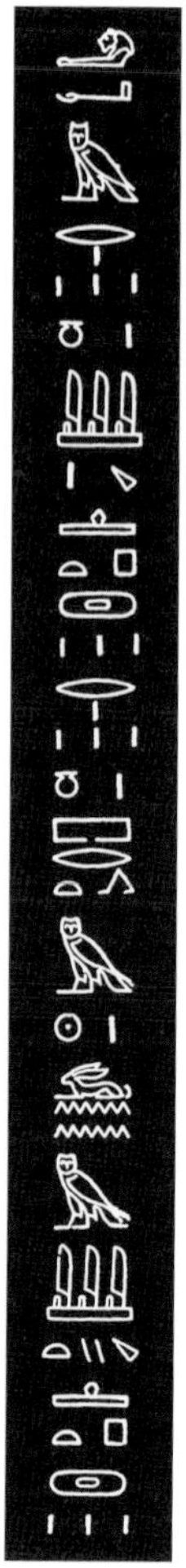

現世と変わらない生活を

古代エジプト人は、死後も現世と変わらない生活を送ることを夢見た。

だから、あの世で死者は生きているときと同じ人間の姿形をして、たいていの場合は壮年の、社会的にも安定した時期の理想的な姿で登場した。そして生きていたときと同じように役人や神官などの仕事にたずさわり、食糧を得るために畑を耕し、種を蒔《ま》き、作物を収穫した。仕事から解放されたければ、呪文を唱えて身代わりとなってくれるウシャブティを使えばよかった(呪文6)。そして生前と同様に、その豊かな実りは感謝の気持ちをこめて神々に捧げられた。

ただひとつ異なることと言えば、バーという鳥の姿に変身して現世と来世を行き来し、遺族たちが死者のために捧げた供物を享受することができたということくらいだろうか。

最後の、あの世の楽園

あの世に通じる門を守る門番たちからの詰問、オシリス神の裁判という大きな試練を乗り越え、太陽神と同じようにあの世の大河を無事に渡り終えた死者が、最後にたどり着く場所はあの世の「楽園」だった。

そこは「供物の野」あるいは「イアルの野(葦の原)」と呼ばれ、両者とも『死者の書』以前から知られている言葉だが、明確な定義はなされてはいない。一説によると、両者はまったく異なった性格を持つ、別々の場所をあらわす。両方とも天空の遥かかなたに存在するが、「イアルの野」は東の地平線を、「供物の野」は西の地平線を占めていた。二つの楽園を同じ場

アニの『死者の書』
呪文110 楽園は水と緑があふれ、実り豊かな世界だった。死者は神々に祈りを捧げ(上段)、大地を耕して(中段)幸福な日々を過ごした。下段に見える階段は天へ昇るステップとも考えられている

▶イアルの野　センネジェムの墓。ルクソール西岸、デイル・エル=メディーナ

所だと考えるものもいる。

どちらにしても、エジプト人は誰もがこれらの楽園に到達することを切望し、死出の最終目的地と考えた。呪文110はこの供物の野やイアルの野を詳細に紹介してくれるとともに、憧れの地へと死者を導いてくれるものだった。

ネブセニィの『死者の書』では、呪文110は次のような長い文章で始まる。

> 供物の野の呪文と、日中に出現し、ネクロポリス（死者の国）を出入りして、供物の野、つまり息吹の女主人（ハトホル女神のこと）、偉大なるものの土地に存在するイアルの野でなに不自由なく〔暮らす〕ための呪文の始まり。〔死者は〕そこで力を得て、そこでアクとなり、そこで畑を耕し、そこで刈り取り、そこで飲み食いをし、そこで男女の契りを交わし、この世のあらゆることを行う。

この呪文のおかげで、死者はバーの姿に変身して昼間に墓から飛び出し、現世と来世の間を往来することができ、あの世の楽園でこの世で行ってきたと同様の生活を送ることができたのだ。

▲イアルの野で刈り入れをする夫妻　センネジェムの墓

▼イアルの野の植物　センネジェムの墓

コラム

ナイル河の豊かな恵み――古代エジプトの生活

あの世の生活への準備

古代エジプトの墓のなかでも、王族ではない一般の人々の墓には、農耕を営み、家畜を飼い、日用品を作ったり、貴金属品を製作したりする人々の姿が浮き彫りや壁画に残されている。

もちろんこれらは、実際の日常生活を写すことを目指しているのではなくて、すべてあの世に行ってからの準備を目的にしている。日用品も貴金属品も埋葬の日の副葬品だし、農作物の刈り入れも、家畜を追う様子も、この世と同様に来世でもなに不自由のない生活を楽しみたい、という彼らの心のあらわれだ。貧しいものたちも、来世ではもっと楽な生活をしてみたいと望んだことだろう。とはいってもこの墓の中に表現された来世の理想の姿というのは、彼らが日々繰り返してきた日常を鏡に映すようなものであったのも、また事実だ。

▲**農耕の図**　パヘリの墓。エルカブ

▲**油を絞る**　バケト3世の墓。ベニ・ハサン

収穫する

整地して耕した大地をナイル河の恵みの水がおおう。水が引くと農民たちは沃土と化した耕作地に種をまいた。氾濫は毎年の約束事のようにエジプトに豊かな実りをもたらした。収穫した穀物は貯蔵され、税としても納められた

▲**ワイン作り**　パヘリの墓

▼**蜂蜜作り**　パバサの墓。アサーシーフ

▲**農耕具**　ベルリン・エジプト美術館蔵

家畜を飼う

牛は乳を搾るほか、神々への犠牲として供されたり、皮をはいで皮革製品に使われることもあった。牛の頭数調査は納税能力を決定する重要な行事だった。農耕では穀物の種を地中に埋めるためにロバに踏ませることもあった。さまざまな鳥も飼育されていた

▲子牛を使った乳搾り　カゲムニの墓。サッカラ

◀豚の飼育　カゲムニの墓

▶牛の頭数調査　カイロ・エジプト博物館蔵

魚を捕る

ナイル河の恵みが豊富なことはさまざまな種類の魚でも推し量ることができる。魚は捕れたてを食すほか、干物にして保存もされた

▼網を張る船の模型　カイロ・エジプト博物館蔵

◀銛や網で魚を捕る　イドゥトの墓。サッカラ

▲さまざまな種類の魚　カゲムニの墓　サッカラ

◀網にいっぱいの魚　イドゥトの墓

貯蔵する

エジプト人はナイル河の豊かな恵みをさまざまな形で大切に保存し活用した。収穫は税として納められたから、詳細に記録がとられ保存された。文字の読み書きができる書記は民衆のあこがれの職業でもあった

▶穀物の貯蔵　メケトラーの墓

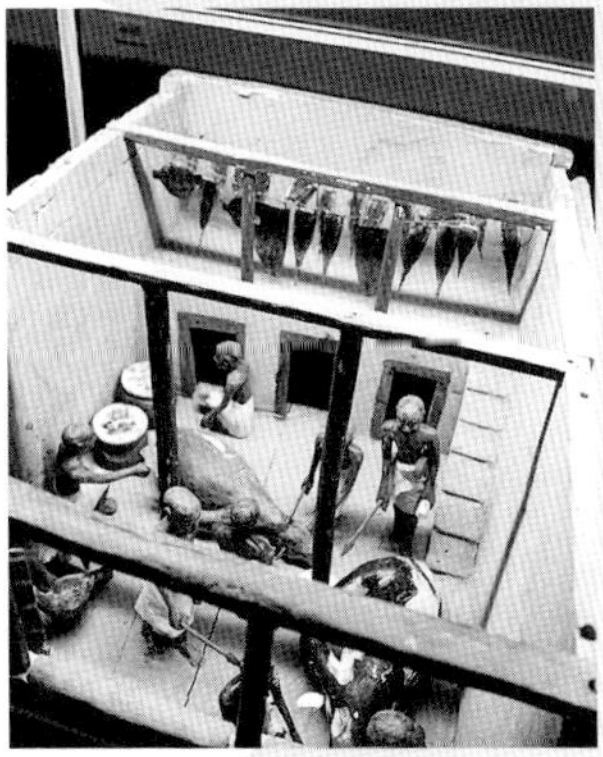

◀牛の皮の貯蔵　メケトラーの墓　メトロポリタン美術館蔵

▲魚や鳥肉の保存　パヘリの墓

技を極める

王宮や神殿に附属した工房では墓や神殿に納められるさまざまな調度品が作られた。ここで働く職人たちは互いに技術を競いあい高めあいながら素晴らしい作品を生み出していった。また文字を理解できるものは国政に参加する役人となり、王を補佐する宰相という地位にまでのぼりつめるものもあった

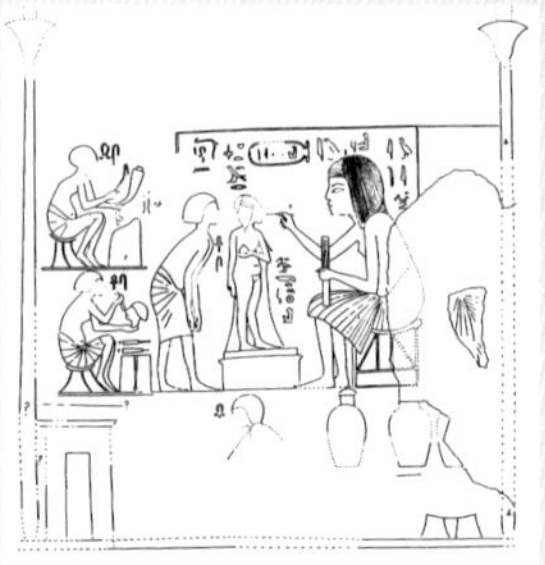

▲**彫刻師**　フヤの墓。アマルナ

▲**織工**　カイロ・エジプト博物館蔵

▲**壺作り**　レクミラの墓

▲**レンガ作り**　レクミラの墓。クルナ村

▲**役人**　ブルックリン美術館蔵

▲**金属細工師**　メレルカの墓。サッカラ

▲**貴金属の計量と記録**　メレルカの墓

生を謳歌する

エジプト人の饗宴の舞台は親族や関係者たちが集う葬式の場面でもあった。葬儀を境目に死者の住処はあの世へと移るが、彼らは現世と同様の生活が永遠に続くことを切望した

▲**踊り子たち**　ケルエフの墓。アサーシーフ

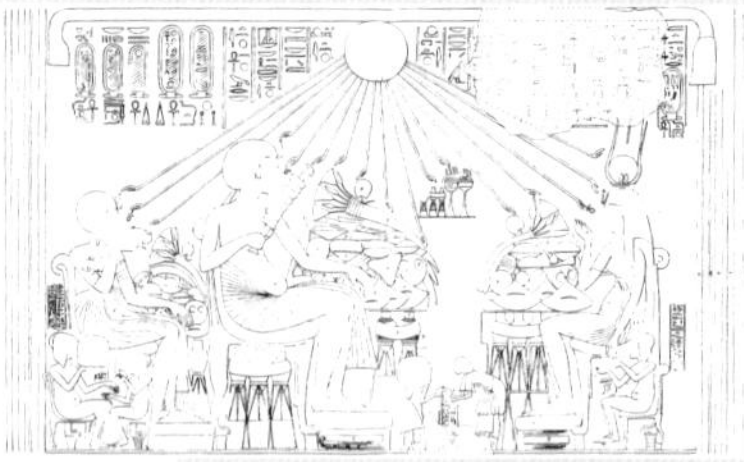

▲**食事をとる**　フヤの墓

◀**楽器を奏でる**　ナクトの墓。クルナ村

▲**盲目のハープ弾き**　メリラーの墓。アマルナ

③ 呪文185 オシリス神への礼拝

死者の国の支配者オシリス

最初の頃の『死者の書』は、死者の国の支配者オシリスを礼拝する死者の姿で始まった。ここで死者は、「西方の第一人者、偉大なる神、冥界の支配者、ウエンネフェル、アビドスの主」と、思い出せるかぎりの賛辞をオシリスに対して投げかける。ちなみに「ウェンネフェル」はオシリスの別称だ。白い装束を身にまとったオシリスは、山盛りの供物を前に玉座に座って、その言葉を静かに聞いている。

時代が下るにつれて、オシリスは太陽神ラーにその場所を明け渡すことになるが、第十九王朝のアニの『死者の書』では、呪文125を含めてオシリスに礼拝する場面が四回も登場する。終盤にさしかかったところで、アニとその妻トゥトゥはオシリスに四回目の挨拶をするが、そこに立つのはハヤブサの頭を持つソカル＝オシリスだ。ソカルも冥界の神で、末期王朝時代にはプタハとも結びつき、プタハ＝ソカル＝オシリスの名で人気を高めて彫像も作られ、その台座の中に『死者の書』などのパピルスが収納されることもあった。名前のもとになった三者ともミイラの姿をした、死者の国にかかわりの深い神々だったから、そのご利益《りやく》はきっと大変なものだっただろう。

オシリスの玉座は、時折ミイラを納めた棺や櫃《ひつ》で囲われていることがあって、その上ではハヤブサの姿のソカルが翼を大きく広げてオシリスを守護している。

▲プタハ=ソカル=オシリス神　アンハイの『死者の書』

▲プタハ=ソカル=オシリス神像　このような彫像のなかには、台座部分にパピルスの巻物を収納できるものもあった。トリノ・エジプト博物館蔵

復活への期待

太陽神ラーを礼拝する扉絵の対極に立つオシリスを礼拝するこの図は、またオシリスへの礼拝の言葉がつづられた呪文185を連想させる。比較的新しいこの呪文は、太陽神信仰の影響を大きく受けているようで、オシリスに「夜の船でその座が先頭にあるもの」と語りかけたうえで、「昼の船で輝きが大いなるもの」と称えている。昼の船は言わずと知れた太陽神ラーの天空を渡る船だ。このくだりは、オシリスもラーの聖船に乗り込んで天空を巡る旅のお供をするということを暗にほのめかしており、死者の復活への可能性を期待させてくれる。

アニの『死者の書』終章　左はソカル=オシリスを礼拝する死者夫妻、右はハトホル女神への礼拝（呪文186）。供物の前には妊婦を思わせる姿のタウェレト女神。パピルスの茂みから現れるハトホル女神の下には墓の入り口が見える。死者はハトホルのふところに抱かれて永遠の眠りにつく

❹ 呪文186 ハトホル女神への礼拝

『死者の書』の最後を飾る

パピルスの茂み、あるいは西の砂漠の山から現れる牝牛の姿をしたハトホル女神と、カバの姿でライオンの後ろ足を持つタウェレト（トゥエリス）が登場するこの呪文186は、イアルの野の各領域を紹介した呪文149や呪文150に代わって、第十九王朝以降、好んで『死者の書』の最後に置かれた。最後を飾るのにふさわしく、パピルス全体に大きく挿絵が描かれ、色鮮やかに彩色がほどこされている。

牝牛あるいは牛の角と日輪を頭にいただく女性の姿であらわされるハトホル女神は、誕生をつかさどる愛の女神、あるいは乳を与える天の牝牛として、古くからエジプト全土で崇拝されてきた。主要な聖地であるデンデラはもちろん、中王国時代以降、テーベのデイル・エル=バハリでアメン神と並んで信仰の対象となった。第十九王朝に王都がテーベからデルタ地帯のピ・ラメセスに移されて以降も、王墓の造営にたずさわる墓職人たちの村デイル・エル=メディーナで蛇の姿のメレトセゲル女神とともに守護女神として崇拝された。村に隣接してハトホル神殿も建造されてプトレマイオ

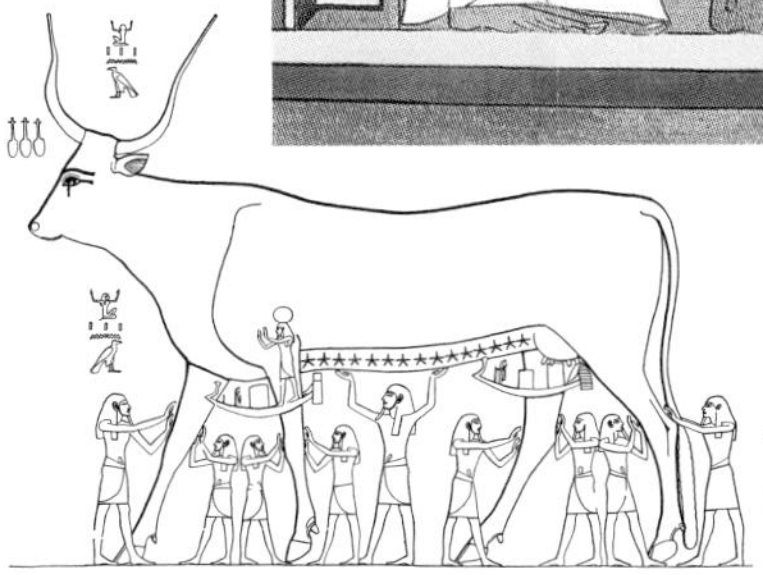

◀天の牝牛　ツタンカーメンの厨子。カイロ・エジプト博物館蔵　王墓にも見られる「天の牝牛」の場面では、太陽神の聖船が牝牛の腹から産み出されようとしている。牡牛の腹部には天の星々が輝いている

ス王朝時代まで信仰され続けた。また、シナイ半島のトルコ石の鉱山でも職人たちから崇拝され、「トルコ石の貴婦人」と呼ばれていた。だから、ハトホル女神の持つ性格は多種多様だった。

死者の国の守護女神

ここでは、ハトホルは「西方の貴婦人」あるいは「西方の砂漠の女主人」と呼ばれ、死者の国の守護女神としての側面が強調されている。ネフェルタリの墓の側室では、同様の性格のハトホルが西をあらわす文字を頭にいただく女性の姿で表現されている。供物台の書記ラーの『死者の書』では、ハトホルは「メヒトウェレト（偉大なる氾濫）」とも呼ばれている。

また、カバの姿をしたタウェレトは腹の突き出た妊婦のような姿からも連想されるように、出産にかかわる女神だったことから、死者がふたたび生まれ出るのを助けることが期待されたようだ。ここでは、タウェレトはハトホルの別の姿と考えられている。

最後の場面で、死者は母のような女神のふところに抱かれ、再生の時を待つ。次の日の朝、太陽の輝きとともに復活の産声をあげるのを夢見ながら。

【ピネジェム1世のパピルス】

(1)カイロ・エジプト博物館／SR11488／チェック

(2)テーベ　デイル・エル=バハリの「王家の隠し場」

(3)第21王朝時代　紀元前1065～1045年頃

(4)450cm×37cm

(5)ピアンキの息子ピネジェム1世はもともとアメンの大神官だったが、タニスの王の娘と結婚することで、上エジプトの王になる。

(6)呪文は比較的かっちりとしたヒエログリフで書かれ、呪文の数は限られているが、挿絵が色鮮やかに描かれ、非常によく保存されたパピルス。死者によるオシリスの礼拝から始まって、呪文30や呪文110、呪文125などが見られる。

(7)M. Saleh and H. Sourouzian, *Official Catalogue, The Egyptian Museum Cairo,* 1987, Mainz.
Maspero, "Les Momies Royales de Deir el-Bahari": in Mémoires publiés par les Membres la Mission Archéologique Française au Caire I, 1889.

【イウフアンクのパピルス】

(1)トリノ・エジプト博物館／inv. Cat. 1791

(2)テーベ

(3)プトレマイオス朝時代　紀元前300年頃

(4)1912cm×30cm

(6)165の呪文でできているこのパピルスは、『死者の書』の研究の端緒となり、その後、30余の呪文が加えられたものの、現在も研究に利用される呪文の分類のもととなっている。挿絵は簡潔な線画で描かれ、彩色がされている。

(7)R. Lepsius, *Das Todtenbuch der Ägypter nach dem hieroglyphischen Papyrus in Turin*, Leipzig, 1842.

▼ピネジェム1世のパピルス

65－72－71－68－69－70－130（2回目）－141－142－190－133－135－136A（2回目）－134（2回目）－101－**99**－82－77－85－**83**－124－84－86－87－88－78－116－115－111－112－113－107－109－22－23－27－42－92－**151**－166－32－138

【アンハイのパピルス】

（1）大英博物館／BM10472

（3）第20王朝　紀元前1100年頃

（5）「オシリスの神妻」「ネクベトとクヌムの神妻」などの称号を持つ女神官。

（6）通例どおりに朱色の題字のほかは黒字で呪文が書かれ、黒い線で描かれた挿絵にはところどころに彩色がされている。神官であったためか、死者は儀式に使用するシストラムを手に持ち、うすく透けるような表現の長衣が女性らしく、手にからませた蔓《つる》科の植物の葉が印象的だ。

（7）E. A. W. Budge（1899）、前掲書。
E. A. W. Budge（1910）、前掲書。

▼アンハイのパピルス

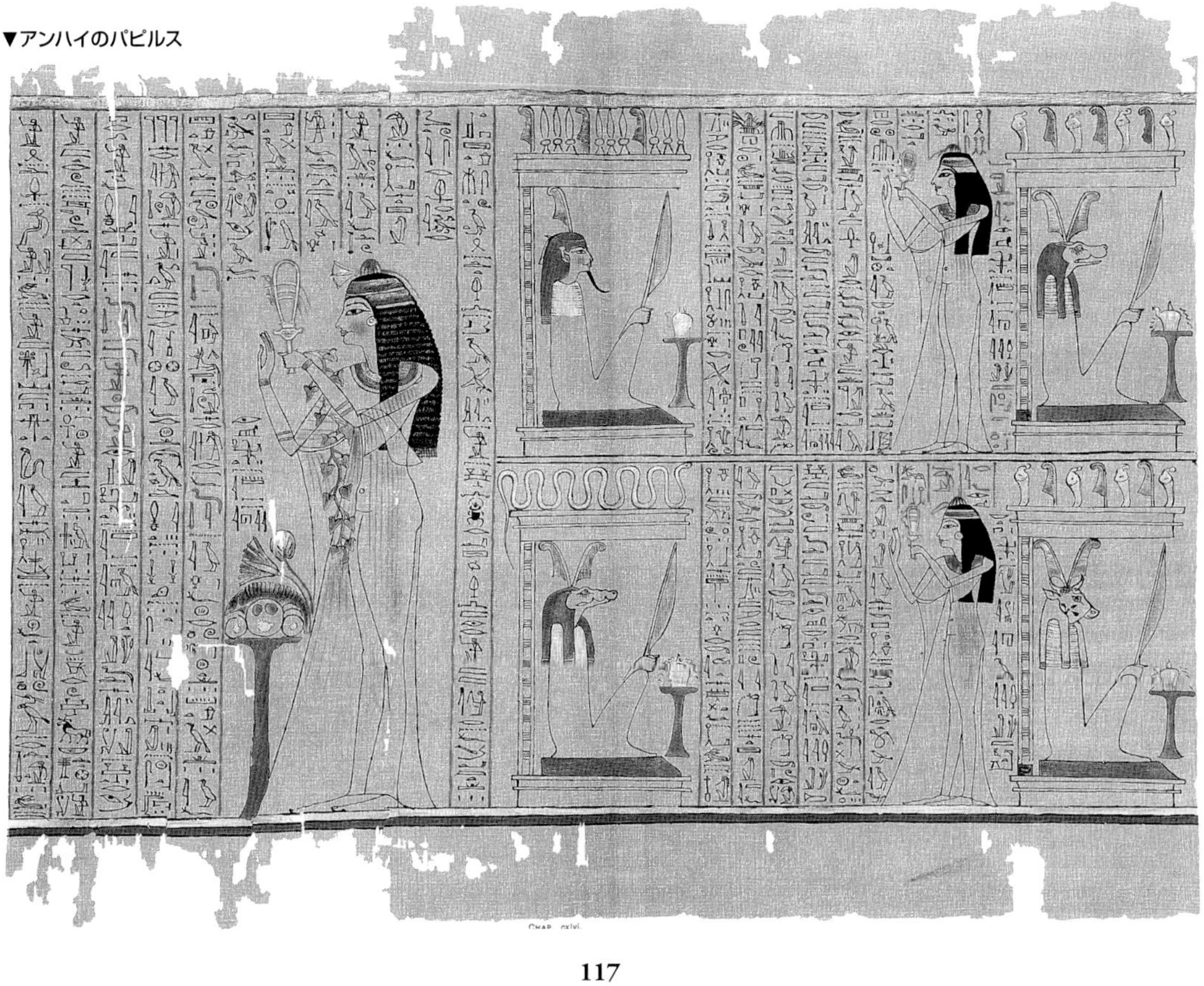

【フネフェルのパピルス】

(1)大英博物館／BM9901／Ag

(2)テーベ

(3)第19王朝(セティ1世の治世)紀元前1370年頃

(4)549cm×39cm

(5)「王の家令」「王の家畜の監督官」「王の書記」の称号を持つ。妻はナシャといい、「テーベのアメン・ラー神殿の女神官、歌い手」の称号を持っていた。

(6)パピルスでは、故人のあとに妻が付き従っている。呪文1の最後に描かれた、埋葬の直前に行われるミイラの「口開き」の場面が特に有名。

(7)E. A. W. Budge, *The Book of the Dead. The Facsimile of the Papyrus of HUNEFER,ANHAI, KERASHER and NETCHEMET with supplementary Text from the Papyrus of Nu.* London, 1899.

E. A. W. Budge(1910)、前掲書。

E. Naville(1971)、前掲書。

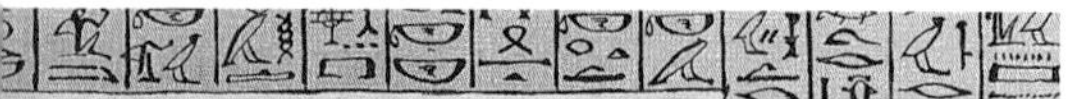

▲フネフェルのパピルス

【ネフェルレンペトのパピルス】

(1)ブリュッセル王立考古学博物館／E5043

(2)テーベ　クルナ村(336号墓からの出土品と推測される)

(3)第19王朝(セティ1世〜ラメセス2世の治世)

(4)パピルスの下半分が欠損。

ペンシルヴェニアとロンドンの博物館所蔵の『死者の書』が同一人物のものと思われる。

(5)「彫刻師」の称号を持っている。

(6)朱色の題字のほかは黒字で呪文が書かれ、呪文のそれぞれに挿絵が添えられている。挿絵の描写はこまかく、神々や人物も緻密に描かれた色鮮やかなパピルス。呪文はヒエログリフのくずし字で書かれているが、残念なことにパピルスの下半分が失われている。死者をあらわす「オシリス」という言葉の下に書かれるべき故人の名前があちらこちらで欠落しているため、パピルスの購入時に故人の名前を書き入れる半製品だった可能性がある。

(7)L. Speleers, *Le papyrus de Nefer Renpet. Un Livre des Morts de la XVIIIme dynastie aux Musées royaux du Cinquantenaire à Bruxelles*, Brussels, 1971.

H. Milde, *The Vignettes in the Book of the Dead of Neferrenpet*, Leiden,1991.

(8)**17**−**18**−2−180−181−79−181(赤字)−15−130−**136A**−134−130(赤字)−**94**−**96**−97−125−100−102−136B−**149**−**150**−**64**−**30B**−

▶ネフェルレンペトのパピルス

【ユヤのパピルス】

(1)カイロ・エジプト博物館／CG51189／Ce

(2)テーベ　「王家の谷」第46号墓(KV46)

(3)第18王朝(アメンヘテプ3世の治世)　紀元前1450年頃

(4)914cm×？cm

(5)アメンヘテプ3世の王妃ティイの父親で、妻トゥヤとともに王族でないにもかかわらず「王家の谷」に埋葬された数少ない例の一つ。

(6)第18王朝の典型的なパピルスで、朱色の題字や重要な部分のほかは黒字で呪文が書かれ、わずかに線画の挿絵が添えられている。しかし、故人の地位のせいか、ヌやネブセニィの『死者の書』と異なり、のちの時代を思わせるような見事な彩色が見られる。

(7)E. Naville, *The Funeral Papyrus of Iouiya*, London, 1908.

(8)オシリスへの礼拝−**1**−**17**−**18**−**83**−84−85−77−86−82−87−81−63−**64**−141−142−143−148−104−103−10−118−117−119−148(2回目)−**151**−156−155−153−**64**−**30B**−**110**−**144**−**146**−**99**−**125**−**100**−**102**−136A−**136B**−**149**−**150**

【ケンナのパピルス】

(1)ライデン国立考古学博物館／Leyden T2／La

(2)テーベ

(3)第18王朝末～第19王朝初め

(4)1732cm×38cm

(5)「商人」の称号を持っている。

(6)死者の描写は、アマルナ時代の影響を彷彿とさせる。細い線で細密に描かれた挿絵は美しく彩色されている。このパピルスは巻物の形ではなく、十三重《え》に折り重ねて副葬されていた。

(7)E. Naville, *Das Ägyptische Totenbuch der XVIII. bis XX. Dynastie*, Berlin, 1971.

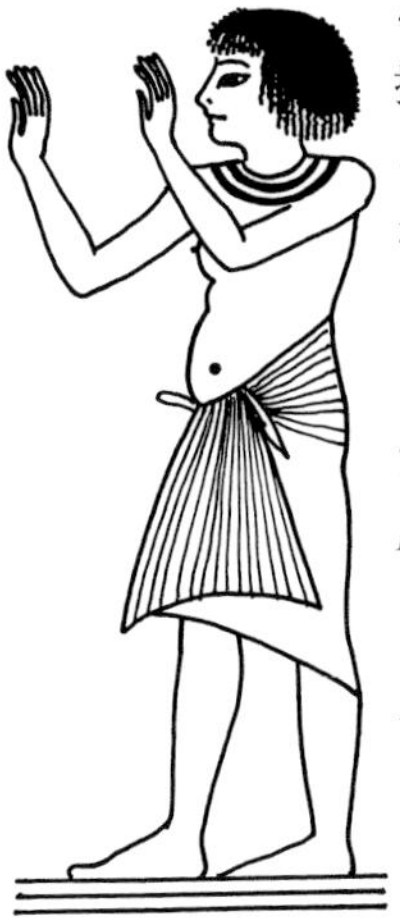

◀ケンナのパピルス

【ナクトのパピルス】

(1)大英博物館／BM10471

(2)テーベ

(3)第19王朝初め(Budgeでは第20王朝に活躍とある)

(4)1435cm×35.6cm

(5)「弓兵長」と「王の書記」の称号を持つ。

(6)腹部にふくらみをもたせた長衣を身にまとっている、5等身で描かれた死者の姿が特徴的で、初期のものと比べて描写がこまかく、彩色も美しくほどこされている。

◀ナクトのパピルス

の場面のほかは、わずか17箇所に描かれているにすぎない。呪文はヒエログリフのくずし字で書かれ、挿絵の神々や人物の姿は線画で描かれ、変身呪文の挿絵などを中心に彩色がほどこされている。

(7) G. Lapp, *The Papyrus of Nu, Catalogue of the Books of the Dead in the British Museum*, vol. Ⅰ, London, 1997.
E.A.W. Budge (1910)、前掲書。

(8) オシリスへの礼拝－**17**－**18**－1－22－**23**－25－26－28－27－**30A**－43－24－**31**－33－34－35－74－45－93－91－41－42－14－68－92－63A－**105**－95－72－71－106－40－90－**108**－47－104－103－51－119－36－37－79－117－118－21－12－122－98－76－85－82－77－86－124－**83**－84－81－87－88－132－148－52－53－61－28－56－57－54－38B－55－29－46－109－9－132－94－63B－8－**64**－2－3－152－75－78－65－67－179－123－141－142－133－**136A**－134－130－131－89－154－115－116－112－113－138－187－189－44－50－188－4－96－97－153A－153B－**64**（2回目）－**30B**－11－6－5－**99**－7－176－**125**－126－**146**－**144**－137A－**151**－**100**－102－**136A**－**136B**－**149**－**150**

【ネブセニィのパピルス】

(1) 大英博物館／BM9900／Aa

(2) メンフィス

(3) 第18王朝

(4) 2366cm×34.3cm

(5) メンフィスのプタハ神殿にたずさわった人物で、「書記」や「上下エジプトの神殿の立案者」「メンフィスのプタハ神殿の立案者」の称号を持つ。父はチェンナ、母はムトレスティ、妻はセンセネブ。

(6) 第18王朝の典型的なパピルスで、朱色の題字と重要な部分のほかは黒字で呪文が書かれ、同時代のヌのパピルス同様に、若干の彩色がほどこされた線画の挿絵がわずかに添えられている。大英博物館で最も早く受け入れられた『死者の書』。

(7) E. Naville, *Das Ägyptische Totenbuch der XVIII. bis XX. Dynastie*, Berlin, 1971.
E.A.W. Budge (1910)、前掲書。

▼ネブセニィのパピルス

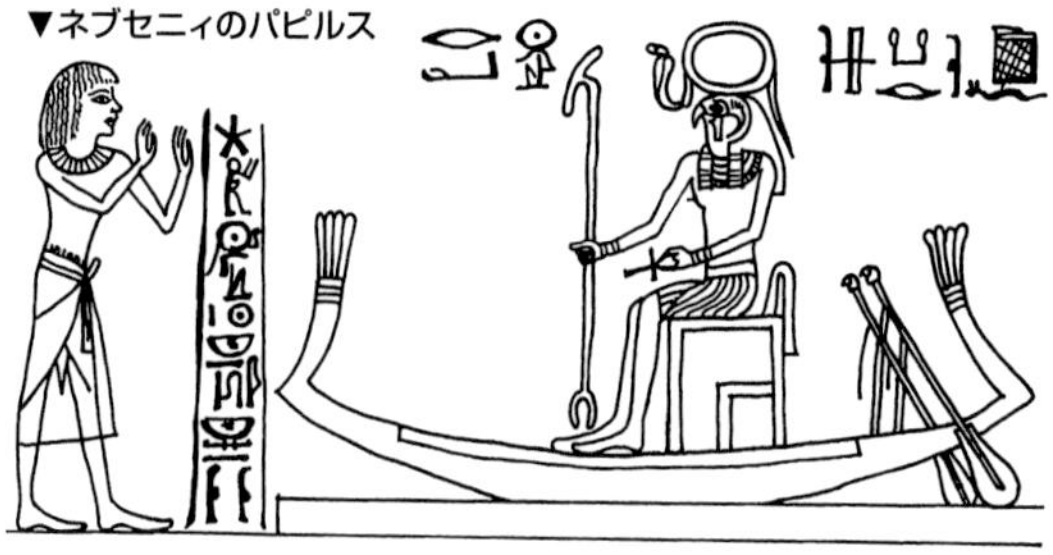

【マイヘルペリのパピルス】

(1) カイロ・エジプト博物館／CG24095

(2) テーベ　「王家の谷」第36号墓（KV36）

(3) 第18王朝（トトメス4世の治世）　前1410年頃

(4) 1175cm×35.5cm

(5) 「王の右扇持ち」「乳母の子」の称号を持ち、ヌビアの血筋を受けた人物と考えられている。

(6) ほぼ同時代のユヤのパピルス同様に、故人の高い地位がしのばれる見事な出来栄えの『死者の書』。

(7) Daressy, *Fouilles de la Vallée des Rois*, 1898－1899, CG. nos. 24001 － 24990, Cairo, 1902.

(5) 夫アニは「王の書記、穀物倉の監督官」の称号を、妻のトゥトゥは「テーベのアメン・ラーの女神官」の称号を持つ。

(6) パピルスでは、死者アニの後ろには妻トゥトゥが付き従っている。第18王朝時代の初期の『死者の書』とは異なり、それぞれの呪文には美しく彩色された挿絵が必ず添えられて、目にも鮮やかな出来栄えである。このような色鮮やかなパピルスは第19王朝(ラメセス朝)以降に見られるようになるが、パピルスを埋葬する風習の普及とともに呪文と挿絵の製作者の分業が進み、故人の名前や称号をあとから書き加える半製品が好まれるようになった。

(7) E. A. W. Budge, *The Book of the Dead. The Facsimile of the Papyrus of ANI in the British Musium*, London, 1894.
E.A.W. Budge, *The Chapters of Coming Forth by Day, or The Theban Recension of the Book of the Dead*, London, Second Edition, 1910.

(8) 太陽神への讃歌－オシリスへの讃歌－**30B**－**1**－**17**－**144**－**146**－**18**－**23**－24－26－**30B**－61－54－29－27－58－**59**－44－45－46－50－93－43－89－91－92－74－8－2－9－132－10－**15**－オシリスへの礼拝－オシリスへの讃歌－太陽讃歌－133－134－**18**(2回目)－124－86－77－78－87－88－82－85－**83**－84－81－80－175－**125**－42－**125**(赤字)－155－156－29－166－**151**－**110**－148－**185**－**186**

【ヌのパピルス】

(1) 大英博物館／BM10477／Ea

(2) テーベ　クルナ村

(3) 第18王朝中期～末期(ハトシェプスト／トトメス3世～アメンヘテプ3世の治世)

(4) 1990cm×34.3cm

(5) 「印璽《いんじ》持ち」の称号を持つ。父はアメンヘテプ、母はセンセネブ。

(6) 『死者の書』の初期の頃は、題字にあたる部分や重要な部分だけが朱色で書かれ、ほとんど黒字の呪文が主体で、若干の彩色をほどこしたシンプルな線画の挿絵がわずかに添えられる程度だった。この頃のパピルスは、呪文も挿絵も一人の手で作成されるのが通例で、死後の準備のために故人が生前に自ら作成したり、ごく限られた裕福な家庭にだけ許されたオーダーメイドの高価なものだった。

ヌの『死者の書』で使われている呪文の数は128にものぼるが、挿絵は扉絵のオシリス神への礼拝

▼ヌのパピルス

世界の有名な『死者の書』

古代エジプトの『死者の書』というと、まず呪術的で色鮮やかな挿絵を思い浮かべることだろう。『死者の書』は、第17王朝の木棺や死者がまとった経《きよう》帷子《かたびら》にその原型が初めて見られる。以来、プトレマイオス朝時代の終焉まで、第23王朝から第25王朝まで一時的に使われなくなったことを除けば、ほぼ一貫して使用されてきた。なかでもパピルスがよく知られ、呪文や挿絵の数も多く一つにまとめられたものだが、その表現様式はさまざまで、時代を追うごとに変化している。

第18王朝前半の『死者の書』は呪文が主体で、ヒエログリフの見事なくずし字で書かれていた。大半が呪文で、挿絵はところどころまばらに描かれていたにすぎない。

ところが第18王朝末以降、挿絵の数は徐々に増えていき、個々の呪文に挿絵が添えられるようになる。絵そのものも、線画にわずかに彩色がほどこされるだけだったものが、第19王朝に入ると、多くの色が使われるようになり、死者の長衣のこまかい襞《ひだ》のような細部まで描かれ、人物描写も肖像画的で緻密になってくる。

第21王朝には、挿絵はそれまでよりももっと単純な線で描かれ、ぼかしなどのない、シンプルな色使いに変わる。呪文はかっちりとしたヒエログリフで書かれているが、初期の頃とは異なり、挿絵は呪文と同等の空間を主張し合っている。

しかし、末期王朝になると、第18王朝の様式に復古する傾向が強まってきて、挿絵は線画に退行していき、呪文はヒエログリフのくずし字あるいはヒエラティックで書かれるようになる。

今では、『死者の書』のパピルスは世界中の博物館や美術館に散らばり、保存・展示されている。そのなかから、資料的な価値も高く、かつ有名なものを挙げてみたい。

(1)所在地／収蔵番号／資料で共通に使用されている呼称
(2)出土地
(3)時代
(4)大きさ(長さ×幅) ＊断片に切られている場合は近似値
(5)持ち主について
(6)パピルスの特徴
(7)主な文献資料
(8)呪文の配置　＊太字は本書でタイトルに挙げているもの

【アニのパピルス】

(1)大英博物館／BM10470／Eb
(2)テーベ
(3)第19王朝初め
(4)2377cm×38.1cm

▼アニのパピルス

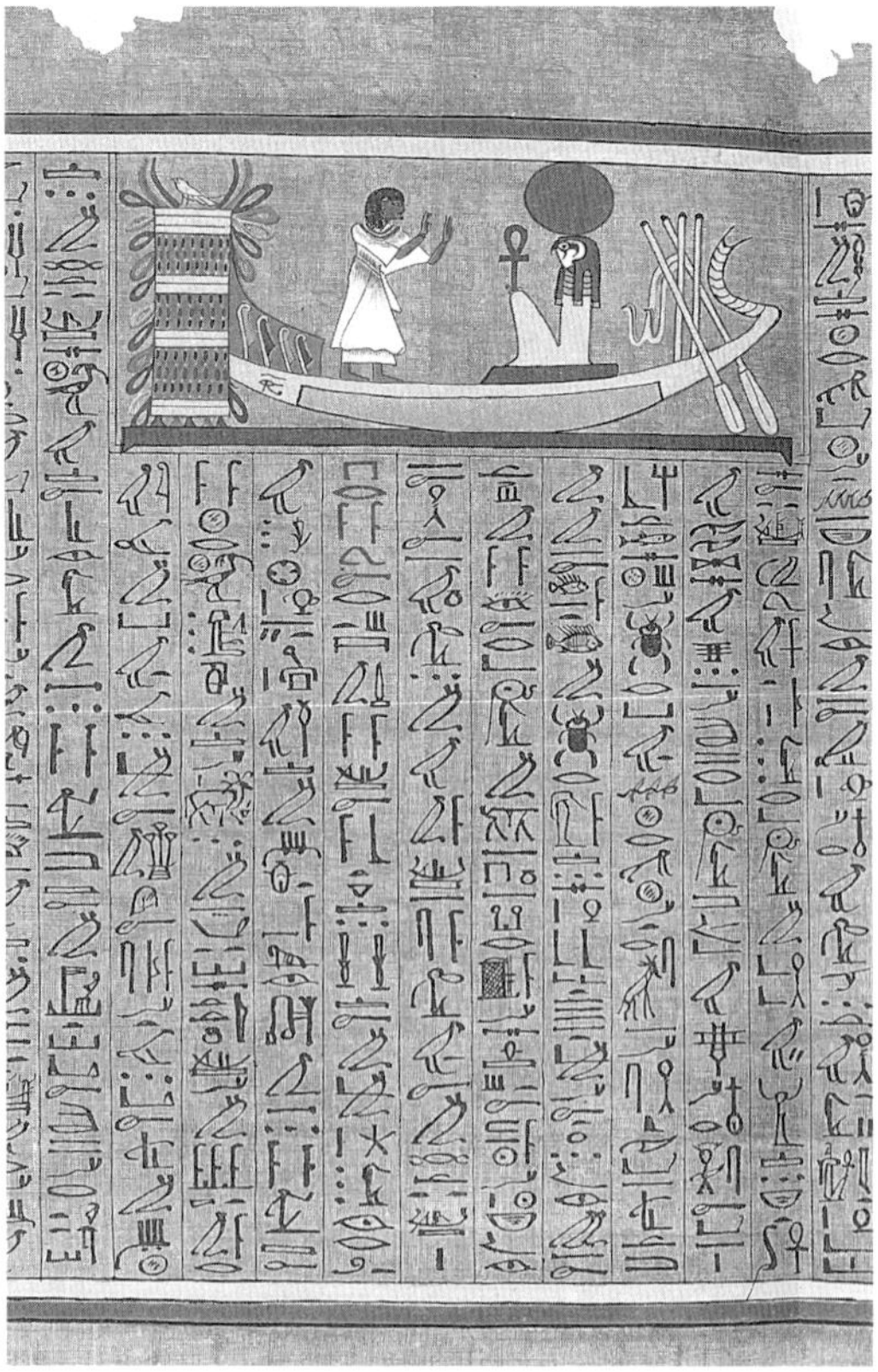

あとがき

大英博物館所蔵のアニ、アンハイ、フネフェルなどのパピルスを集めた『死者の書』が手元にある。一八八九年に出版されたもので挿絵の色は百年以上たっても後退せず美しい。縦横で一メートル以上もある大型本は、いまにもばらばらになりそうで、古書店の厳重な包装をいつもこわごわと開いている。いつか、読者が気軽に手にとれるような本でエジプトの「死者の世界」を紹介したいと思っていたところ、河出書房新社の「ふくろうの本」シリーズの中に入れてもらえることになった。人間の魂が墓から出たり入ったりするための呪文集なんて、本になるかどうか不安だったが、エジプト学研究のパートナー片岸直美さんに相談すると、「やってみましょうよ」と言ってくれた。彼女とはL・V・ザブカル著『バーの概念の研究』をこつこつと訳したことがあった。いつか出版したいねと張り切ったが、訳し終わったら難しさだけが残った。その後お互いの興味が壁画のほうへ移って、バーは遠のいてしまった。ふくろうの本『図説　古代エジプト』の仁田三夫氏も写真で協力しましょうと言ってくださったので挑戦してみる気になった。

学生の頃、ギリシア哲学を研究していた父のアリストテレス全集『デ・アニマ(霊魂論)』の翻訳の清書を手伝いながら、よく魂の話をしたものだった。父はギリシア思想は古代エジプトの影響を受けていると考えていたようだった。当時、東京教育大学(現、筑波大学)の屋形禎亮先生から紹介された フランクフォートの『王権と神々』の中にエジプト人の「カー」という概念を見つけた。若かった私は、「生命力」と訳される「カー」が気に入って、活力を与えてくれるものを心の中で「私のカー」と呼んでいた。もっとも、私のはエジプト人のような「食物」ではなかったが。今は歳をとったせいかバーに興味が戻っている。

この本が企画されてからはや二年が過ぎた。その間、娘の結婚などいろいろなことがあった。片岸さんは御父上を、私は父代わりの叔父を亡くした。ともにエジプト研究の良き理解者だった。死者の住む西方に国境はあるのだろうか。異教徒を大神オシリスは受け入れてくれるだろうか。なんだかとても人間的な古代エジプトの来世。西方浄土に国境はないと考えたい。

私たちのそばにいつも置かれていた『死者の書』。開かない日はなかったけれど、奥が深すぎてとまらない。「締め切りを決めましょう」、編集者の中間洋一郎氏のひと言で、なんとかまとめることができました。ありがとうございました。きれいな写真をたくさん提供していただいた仁田三夫氏にも感謝いたします。陰で支えてくれた家族たちにも感謝したいと思います。

二〇〇一年十一月

村治笙子

本書で扱われた『死者の書』の呪文一覧

T. G. Allen, *The Book of the Dead, Documents in the Oriental Institute Museum at the University of Chicago*, Chicago, 1960.
T. G. Allen, *The Book of the Dead or Going Forth by Day*, Chicago, 1974.
C. Andrews, *Amulets of Ancient Egypt*, Texas, 1998.
A. de Buch, *The Egyptian Coffin Texts*, 7 vols., Chicago, 1935-1961.
E.A.W. Budge, *The Chapters of Coming Forth by Day, or The Theban Recension of the Book of the Dead*, London, Second Edition, 1910.
R. O. Faulkner, *The Ancient Egyptian Coffin Texts*, 73 vols., Warminster, 1973-1978.
R. O. Faulkner, *The Ancient Egyptian Book of the Dead*, London, 1985.
R. O. Faulkner, *The Ancient Egyptian Pyramid Texts*, 2 vols., Oxford, 1969.
A. H. Gardiner, *Egyptian Grammar*, Oxford, 1973(third editions).
L. Greven, *Der Ka*, Hamburg, 1952.
G. Lapp, *The Papyrus of Nu*, Catalogue of the Books of the Dead in the British Museum, vol. Ⅰ, London, 1997.
E. Hornung, *Das Totenbuch der Ägypter*, Zürich und München, 1990.
E. Hornung, *The Valley of the Kings, Horizon of Eternity*, translated by D. Warburton, New York, 1990.
E. Hornung, *The Ancient Egyptian Books of Afterlife*, translated by D. Lorton, New York, 1999.
H. Milde, *The Vignettes in the Book of the Dead of Neferrenpet*, Leiden,1991.
E. Naville, *Das Ägyptische Totenbuch der ⅩⅧ. bis ⅩⅩ. Dynastie*, Berlin, 1971.
E. Naville, *The Funeral Papyrus of Iouiya*, London, 1908.
M. Saleh, *Das Totenbuch in den Thebanischen Beatengrabern des Neuen Reiches*, Mainz, 1984.
K. Sethe, *Die altägyptische Pyramidentexte*, Leipzig, 1908-1922.
M. Smith, *The Liturgy of Opening the Mouth for Breathing*, Oxford, 1993.
J. H. Taylor, *Death and the Afterlife in Ancient Egypt*, London, 2001.
J. Wasserman, ed., *The Book of the Dead, The Book of Going Forth by Day, Being The Papyrus of ANI*, Cairo, 1998.

◆図版出典◆

E. A. W. Budge, *The Book of the Dead. The Facsimile of the Papyrus of ANI in the British Musium*, London, 1894.
E. A. W. Budge, *The Book of the Dead. The Facsimile of the Papyrus of HUNEFER,ANHAI, KERASHER and NETCHEMET with supplementary Text from the Papyrus of NU*, London, 1899.
N. de G. Davies, *The Rock Tombs of EL AMARNA*, part Ⅲ, London, 1905.
E. Naville, *Das Ägyptische Totenbuch der ⅩⅧ. bis ⅩⅩ. Dynastie*, Berlin, 1971.
A. Piankoff, *The Shrines of TUT-ANKH-AMON*, New York, 1955.

参考文献

◆『死者の書』をもっと知りたい方のために◆

秋山慎一編、山崎直子・村治笙子・川畑尚子著『古代エジプト文字便覧』、エジプト学研究会、1985年。

石上玄一郎『エジプトの死者の書――宗教思想の源流を探る』、第三文明社、1989年。

片岸直美・畑守泰子・村治笙子『ナイルに生きる人々』、山川出版社、1997年。

杉勇・三笠宮崇仁編『古代オリエント集』、筑摩世界文学大系1、筑摩書房、1978年。

鈴木八司『王と神とナイル』、新潮社、1970年
仁田三夫監修『図説　古代エジプト①・②』、河出書房新社、1998年。

仁田三夫写真、村治笙子解説『古代エジプトの壁画』、岩崎美術社、1997年。

長谷川蹇「エジプトの『死者の書』とは何か」、『ユリイカ』12月臨時増刊号、青土社、1994年。

松本弥『図説　古代エジプト誌――ヒエログリフをひらく』、弥呂久出版、1995年。

三笠宮崇仁『古代エジプトの神々』、日本放送出版協会、1988年。

屋形禎亮「エジプトの『死者の書』とその世界」、『みづゑ』第845号、美術出版社、1975年。

屋形禎亮監修、秋山・片岸・佐々木・畑守・村治著『ナイルの遺産－エジプト歴史の旅』、山川出版社、1994年。

矢島文夫『死者の書――古代エジプトの遺産パピルス』、社会思想社、1986年。

吉成薫『ヒエログリフ入門』、弥呂久出版(初版.六興出版／1988年)。

吉成薫『エジプト王国三千年』、講談社メチエ、2000年。
Y. アスマン著、吹田浩訳『エジプト――初期高度文明の神学と信仰心』、関西大学出版部、1997年。
E. A. W. バッジ著、石上玄一郎・加藤富貴子訳『古代エジプトの魔術――生と死の秘儀』、平河出版社、1982年。
J. チェルニー著、吉成薫・吉成美登里訳『エジプトの神々』、弥呂久出版、1994年。
M. レーナー著、内田杉彦訳『図説ピラミッド大百科』、東洋出版、2001年。
R. パーキンソン／S. クワーク著、近藤二郎訳『パピルス――偉大なる発明、その製造から使用法まで』、大英博物館双書、学芸書林、1999年。
S. ロッシーニ／R. シュマン＝アンテルム著、矢島文夫・吉田晴美訳『図説　エジプトの神々事典』、河出書房新社、1997年。
平田寛監修、吉村作治訳『図説世界文化地理大百科・古代のエジプト』、朝倉書店、1983年。

『アサヒグラフ別冊　永遠のエジプト』、朝日新聞社、1999年。

◉本文執筆

村治笙子（むらじ・しょうこ）　古代エジプト壁画研究家

本名、齊藤笙子。一九四七年、東京都生まれ。東洋大学文学部西洋史学科卒業。古代エジプトに関する展覧会関連の監修、講演。「壁画を読み解く」「ヒエログリフ講座」を担当。日本オリエント学会、西アジア考古学会、日本暦学会、祭祀学研究会、世界遺産アカデミー、日本旅行作家協会正会員。著書に『古代エジプト人の世界』、共著に『ナイルに生きる人びと』『図説古代エジプト1・2』『トーハクのミイラ』ほか。
本書執筆＝序章、第一章、第二章、第四章

片岸直美（かたぎし・なおみ）

一九五六年、東京都生まれ。東京女子大学文理学部西洋史学科卒業。エジプト学専攻（特に、王墓や王妃墓、私人墓の壁画装飾の比較研究）。日本オリエント学会、西アジア考古学会、古代エジプト研究会正会員。共著に『ナイルの遺産』『ナイルに生きる人びと』『図説古代エジプト1・2』ほか。
本書執筆＝序章コラム、第三章、第五章、第六章、世界の有名な『死者の書』

◉写真

仁田三夫（にった・みつお）

一九二四―二〇〇九年。埼玉県山口市生まれ。東京写真工業専門学校（現東京工芸大学）卒業。写真家。著書に『古代エジプト壁画』『ルクソール讃歌』『エジプト古代文明の旅』『百門の都テーベ』『古代エジプトの壁画』『図説古代エジプト』ほか多数。

◉写真提供協力

J・E・L・I・VET（フランス）／古代オリエント博物館／中近東文化センター／村治笙子／片岸直美

◉王朝表・地図協力

松本 弥

ふくろうの本

新装版 図説 エジプトの「死者の書」

二〇〇二年 五 月三〇日初版発行
二〇一六年 八 月三〇日新装版初版発行
二〇二四年 四 月二〇日新装版初版印刷
二〇二四年 四 月三〇日新装版初版発行

文……村治笙子／片岸直美
写真……仁田三夫
装幀……岩瀬聡
デザイン……岡田武彦／鈴木美佐
発行者……小野寺優
発行……河出書房新社
東京都渋谷区千駄ヶ谷二―三二―二
電話 〇三―三四〇四―一二〇一（営業）
〇三―三四〇四―八六一一（編集）
https://www.kawade.co.jp/
印刷……大日本印刷株式会社
製本……加藤製本株式会社

Printed in Japan
ISBN978-4-309-76331-6

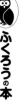

N.

N.
N.